Un Milagro de Vida

Historias de un Niño Guerrero y Triunfador

Inés López de Lara Ahued

 Nací en el hermoso Estado de Michoacán y crecí en la majestuosa Ciudad de Zacatecas. Estudié Educación Preescolar y me especialicé como Maestra de Inglés en la Universidad La Salle de Cancún. Posteriormente, me gradué en la Universidad del Sur de la Florida en Educación con una especialidad en Profesora de Español.

Soy una madre muy orgullosa de tres preciosos hijos y tengo tres adorables nietos. Mi pasión es la música. Toco el piano y la guitarra, y disfruto escribiendo canciones. Mi misión en la vida es ser feliz y llevar alegría a los demás, basada en mi fe en Dios. He sido bendecida con ángeles que han iluminado mi camino en el trayecto de mi vida, lo cual me inspiró a escribir mi primer libro, "Un Milagro de Vida".

En primer lugar, quiero agradecer a Dios por haberme dado la vida y con ella grandes bendiciones. Por tener una familia maravillosa a la que amo con todo mi ser y por ser seres humanos con una calidad invaluable.

Por darme tres hijos que son el motor que me conduce siempre a la alegría. Por su amor que desde pequeños me han brindado. Por darme la dicha de verlos crecer y transformarse en seres extraordinarios y exitosos.

Por haberme dado una madre ejemplar, la que me enseñó a creer en él sobre todas las cosas y que gracias a esa fe inquebrantable estoy aquí para contarles los increíbles acontecimientos mágicos que hicieron posible la vida y la existencia de mi hijo.

Indice

Capítulo 1

Semillas de Fe:
Mi Identidad, Mi Familia y el Legado de Mi Madre

Empezaré por contarte un poco de mi vida: Vengo de una hermosa familia, cinco hermanas, dos hermanos y una mamá ejemplar. Mi mamá siempre nos enseñó que en la vida, primero está Dios, y después de él, la familia es lo más importante. Cuando éramos niños, nuestra familia era muy unida. Siempre dispuestos a apoyarnos los unos a los otros en cualquier circunstancia que se presentara. Éramos como un equipo de jugadores, cada uno con su posición en el campo de la vida.

Unidos por lazos indestructibles, rebosábamos de vitalidad, alegría y diversión en cada partido que jugábamos juntos. Todo esto, gracias a los esfuerzos incansables de nuestra hermosa mamá, quien con amor inquebrantable velaba por nuestro bienestar y felicidad, siendo nuestra entrenadora estrella en este juego llamado vida.

Sabiendo que la importancia de la educación es esencial, mi mamá nos alentó siempre a sobresalir en nuestros estudios. También nos guió con valores sólidos y una profunda responsabilidad, asegurándose de que cada uno de nosotros lográramos completar nuestra educación y alcanzar nuestras metas. Pero más allá de todo, nos inculcó una fe inquebrantable en Dios por lo cual le estaré eternamente agradecida, ya que esta enseñanza marcó mi vida y los extraordinarios e indescriptibles milagros de la vida de mi hijo que más adelante compartiré en este libro.

Más tarde, como es la ley de la vida, cada uno de nosotros, emprendimos nuestro propio camino. El destino nos condujo a lugares que nunca habíamos imaginado, mucho menos pensado que viviríamos allí.

Tristemente, la vida nos llevó por senderos diferentes, separándonos físicamente, pero siempre manteniendo los lazos de amor y recuerdos compartidos. Y digo "tristemente" porque la familia siempre deja un vacío cuando no está cerca, y ese sentimiento de añoranza es difícil de mitigar. Pero lo fundamental es llevar a cada uno en el corazón, y es así como se suaviza un poco esa sensación de tristeza.

Aun así, hasta el día de hoy, cada vez que tenemos la oportunidad de visitarnos o reunirnos, es toda una algarabía y la emoción es desbordante. Es como si el tiempo se detuviera y volviéramos a ser ese equipo unido lleno de vida y alegría que éramos antes. Pero ahora con más jugadores. Pues ya no somos solo siete, la familia ha crecido y se ha multiplicado.

Esto es otra gran prueba de la existencia de Dios, ya que cada nueva vida, cada nuevo miembro de la familia, es único e inigualable en la esencia de su ser.

Con esas bases sólidas creadas en nuestra vida, tomé la decisión de formar mi propia familia. Mi Padre Dios me dio la dicha de ser madre de tres hermosos hijos a los que adoro. Tres hermosos nietos que han llenado mi vida con abundante alegría, y dos yernos a los que admiro, quiero y respeto.

La vida misma es *La Maravilla de la Creación*, y nosotros, sin lugar a dudas, somos *La Obra Maestra de Dios*. Y es así como te comparto un poco de nuestra historia, llena de amor, crecimiento y bendiciones que nos recuerdan la grandeza divina en cada paso del camino de la vida, unidos en un solo corazón.

Capítulo 2

Una Vida Nueva: Un Nuevo Amanecer: Las Bendiciones se Multiplican

Era el mes de abril del año mil novecientos noventa y siete, estábamos viviendo en Playa del Carmen, México. Yo estaba felizmente casada con Denny, un muchacho norteamericano de origen polaco que provenía de la ciudad de Baltimore. Era un hombre muy alegre, divertido y con un gran corazón. Teníamos dos hermosas hijas, Jessica Lizeth de siete años y Jaclyn Elizabeth de dos. Eran unas niñas hermosas con una personalidad única. Las dos muy alegres y divertidas. Como vivíamos en la playa, les gustaba mucho ir a jugar en la arena y nadar. Yo era directora de un colegio y Denny trabajaba en una tienda de tours de buceo. Era un lugar espectacular y muy turístico. ¡Un verdadero paraíso!

Mi hermana Lucía, tenía muchas ganas de visitarnos y pasar unas vacaciones con nosotros. Así que llegó el día y Jessica Lizeth y Jaclyn Elizabeth estaban muy felices de ir conmigo a recogerla al aeropuerto. Estaría con nosotros por una semana así que todos los días íbamos a disfrutar de las hermosas y soleadas playas. A Lucía le encantaba contemplar los preciosos amaneceres en la playa, así que uno de esos días, decidimos acompañarla para disfrutar juntas de ese gran espectáculo.

Con mucho entusiasmo, nos levantamos muy temprano y nos dirigimos a la playa para presenciar el amanecer. A pesar del sueño, Jessica y Jaclyn estaban súper felices y llenas de energía. Pues a esa edad, los niños están llenos de vida, les encanta divertirse y experimentar emociones nuevas. Para ellas, levantarse a las cinco de la mañana para ir a la playa era toda una aventura. Nos apresuramos en el camino, sabíamos que el amanecer se aproximaba rápidamente. Eran las cinco y media de la mañana y no queríamos perdernos ni un segundo del espectáculo que la naturaleza tenía preparado para nosotras.

El sol empezaría a salir a las cinco cincuenta, y estábamos ansiosas por presenciar ese momento mágico. Como Lucía estaba embarazada, en momentos, no podía caminar tan rápido y nos moríamos de la risa porque ella nos decía —¡Corran! ¡Corran que ya va a salir el sol!—. Y nosotras corríamos y ella se quedaba atrás. Así que teníamos que parar para esperarla. Era muy chistoso. Todas íbamos corriendo y riéndonos. Fue una mañana muy divertida.

Llegamos a la playa justamente cuando empezó a salir el sol con un esplendor inmenso. Una verdadera maravilla. La vida es hermosa y sobre todo cuando sientes ese agradecimiento con Dios por ver la luz de cada mañana y de tanta belleza que el Universo nos brinda día con día. Nos sentíamos muy felices de haber llegado a tiempo. Así que nos sentamos un rato en la arena a disfrutar de ese gran espectáculo.

Mientras tanto, Jessica y Jaclyn, muy contentas, se pusieron a jugar a la orilla del mar. Al tiempo que ellas jugaban, Lucía y yo platicábamos sobre tantas cosas hermosas de la vida. Sobre la belleza de ser madre y a la vez la gran responsabilidad que eso implica. El milagro de la vida de un nuevo ser que llega al mundo, indefenso, que depende cien por ciento de su madre para sobrevivir. ¡Qué maravilloso! ¡Qué maravillosa es la vida! Indudablemente, un regalo de Dios, la vida de un nuevo ser. Los hijos, son la máxima creación, son *la obra maestra de Dios*. Las dos estábamos muy contentas y agradecidas con mi Padre Dios de haber sido elegidas para ser madres.

Pasaron los días y Lucía tenía que regresar a Zacatecas. El aire del aeropuerto estaba cargado de emociones mientras nos despedimos. Su visita fue increíble, pues pasamos momentos maravillosos e inolvidables.

Después de unas semanas de que Lucía se había ido, yo estaba con la duda sobre un tercer embarazo. Así que decidí hacerme la prueba. ¡Efectivamente! ¡Otro bebé venía en camino! ¡La prueba salió positiva! No lo podía creer. Me dio tanto gusto que mis ojos se llenaron de lágrimas de emoción, lágrimas de felicidad, lágrimas que anunciaban la llegada de un nuevo ser. Estaba segura de que amaría a este nuevo bebé con la misma intensidad que a mis dos hermosas niñas, con todo mi corazón. Nunca hubiera imaginado que mientras Lucía y yo compartíamos nuestras emociones sobre mi nueva sobrinita y la dicha de ser madres, yo también estaba embarazada por tercera vez.

Sin perder un segundo, le di la noticia a Denny, quien no pudo contener su emoción al escucharla. —¿Otro hijo? ¡Me estás bromeando! ¿Hablas en serio? —¡Sí! —le contesté emocionada—. ¡De verdad! ¡Es en serio! —¡Espero que sea un niño! —lo dijo con mucha emoción. ¡Denny estaba que desbordaba de felicidad!

¡Qué momento tan emocionante y lleno de sorpresas! Entonces, con el corazón latiendo con fuerza de emoción, tomé el teléfono y llamé a Lucía. —¡Ni te imaginas lo que te voy a decir! ¿Qué crees? —¿Qué? —respondió con curiosidad. Sin esperar más, le dije la gran noticia—: ¡Yo también estoy embarazada! —¡No es cierto! —exclamó ella— ¡No te creo!

Entre la incertidumbre de si estaba bromeando o no, podía escuchar y sentir que Lucía se ahogaba en llanto y emoción.

Yo, por mi parte, también estaba llorando de felicidad al darle tan maravillosa noticia. —¿Y cuándo nace? —me preguntó. —En enero, si Dios quiere. Tengo dos meses —le respondí. La emoción era tal que ninguna de las dos podíamos creerlo. Hubiéramos querido estar juntas para celebrar y abrazarnos, pero ya estábamos tan lejos. Sin embargo, a pesar de la distancia que nos separaba, la conexión entre nosotras era palpable a través de la línea telefónica. Las dos anhelábamos estar juntas de nuevo. La emoción que emanaba de su voz resonaba en mi corazón, llenándome de alegría y gratitud por ese hermoso regalo de la vida. ¡Dos hermanas, embarazadas al mismo tiempo!

Tan pronto terminé de hablar con ella, llamé también a mi mamá y al igual que Lucía, no cabía de emoción. Estaba muy emocionada, aunque a la vez un poco triste de no poder estar conmigo en esos momentos y poder abrazarnos y festejar la buena noticia. Siempre recuerdo sus dulces palabras cuando me dijo —Con el alma quisiera estar ahí contigo. Pero mi Padre Dios proveerá, pronto voy a verlos. Mientras tanto, te prometo que hoy mismo compro estambre para empezar a tejerle una cobijita.

A mi mamá siempre le gustó tejer. Tejía unos suéteres preciosos, cobijas y bufandas. Ella hacía de todo. Y cuando se trataba de sus nietos, eran los más hermosos. Así que se puso en obra. Me daba mucho gusto escuchar sus palabras, además yo sabía que el tejer las chambritas y las cobijitas la mantenían ocupada y con ilusión. La vida no es fácil cuando las familias se separan, pero el destino nos separó y tuvimos que aprender a vivir lejos los unos de los otros pero siempre "Unidos en un Solo Corazón". Ese es mi lema hasta el día de hoy.

Mi mamá felizmente se dio a la tarea de darles la noticia a mis demás hermanos, lo cual también les causó una inmensa alegría, pues el sentimiento de emoción de la llegada de un nuevo ser a la familia es indescriptible. Y ahora, faltaba darles la noticia a mis dos hermosas hijas. Ya me imaginaba lo felices que se iban a poner, pues les tenía la noticia preparada cuando fuera por ellas al colegio. Se llegó la hora de ir por ellas, y cuando llegamos a la casa, les dije: —¿Qué creen? ¡Les tengo una gran noticia! —¿Qué es mami? —me preguntó

Jessica Lizeth. —¡Van a tener un hermanito! —Las dos corrieron y me abrazaron muy contentas y super emocionadas. Las dos se pusieron a brincar de alegría. —Yo quiero que sea hermanito —dijo Jessica Lizeth, y Jaclyn Elizabeth dijo—: —Yo también, y cuando nazca quiero que se llame Winnie Pooh.

Todos nos empezamos a reír. Fue muy chistoso, Jaclyn era muy graciosa. Entonces Jessica dijo —Yo quiero que se llame Denny Michael. Y Jaclyn insistió —No, mami, yo quiero que se llame Winnie Pooh. —Jessica, Denny y yo no podíamos dejar de reírnos. —Bueno —les dije—, vamos a ver. Ya que nazca decidimos, porque todavía no sabemos si va a ser niño o niña. Entonces dijo Jessica —Pues yo ya sé que va a ser un niño —y Jaclyn afirmó—: —Yo también. Fueron momentos muy emotivos que se quedaron grabados para siempre.

Así pasaron los días y yo cada día con todos los cuidados que un embarazo debe tener. Si alguna vez me dolía la cabeza o no me sentía muy bien, nunca tomé ningún tipo de medicina ni nada que fuera a perjudicar al bebé. Lo mismo hice en mis otros embarazos y gracias a Dios no tuve ningún problema con ninguna de las dos niñas. Mis dos embarazos fueron totalmente normales y nunca tuve ninguna complicación. Así que estaba segura de que todo estaría bien con el tercero.

Empecé a ir a las revisiones médicos de rutina y más tarde me hicieron un ultrasonido. El doctor me dijo que todo se veía bien, así que no había nada de qué preocuparse. Fue ese día que supimos que el bebé era un niño. Jessica y Jaclyn estaban emocionadísimas con la noticia. Todos nos pusimos super contentos. Así que continué con los cuidados de rutina, comiendo saludable, haciendo ejercicio y tomando vitaminas.

Todos estábamos tan emocionados que no podíamos esperar el día de su llegada al mundo. Sin embargo, había que esperar y disfrutar de la espera.

Capítulo 3

Un Encuentro Providencial

Pasaron varios meses y se acercaba el tan ansiado día. Así que como estábamos viviendo en Playa del Carmen, recordé la decisión que anteriormente había tomado de que si algún día tuviera otro bebé, nacería en Estados Unidos por la facilidad de arreglar el acta y el pasaporte. Pues ya con las dos experiencias que anteriormente había tenido no lo pensé dos veces.

Aunque viajar a Estados Unidos implicaba un gasto fuerte, pues habría que comprar varios boletos de avión, estaba segura de que encontraría la forma de solucionarlo. Aunque no me debía preocupar, pues como siempre decía mi mamá, "Dios proveerá". Así que Denny y yo lo platicamos y él estuvo de acuerdo. Sin embargo, él no podría acompañarnos de momento, ya que era temporada alta y en su trabajo no le habían autorizado ausentarse hasta la segunda semana de enero. Decidimos pasar la Navidad juntos e irnos al día siguiente. De modo que empecé a hacer los preparativos para el viaje.

El veintidós de diciembre, era lunes, las niñas y yo fuimos a la agencia de viajes a hacer la reservación. Cuando entramos a la agencia, estaba una señorita sentada en su escritorio y le dije —Buenas tardes, necesito hacer una reservación por favor. —La señorita asombrada se me quedó viendo y me preguntó —¿Usted va a viajar? —Sí —le contesté—, necesito tres boletos a Baltimore, Maryland, por favor. Un adulto y dos menores. —Pero usted está embarazada y no se permite viajar después de los siete meses de embarazo

—me contestó. —Ah, no hay problema entonces —le dije—. Mi bebé nace en marzo.

—Ah bueno —me dijo la señorita—. Entonces no hay problema. —Tuve que decirle una mentira piadosa, en realidad faltaban solo tres semanas y eso no me iba a detener para poder viajar. Entonces me dio los precios y le dije que me hiciera la reservación para el Viernes 26 de diciembre. Eran novecientos dólares. Los boletos costaban trescientos cada uno y solo teníamos seiscientos.

Así que le pedí a la señorita que si me podía dejar la reservación hecha y que yo regresaba a pagarla. Entonces me dijo —Con mucho gusto, solamente que tiene dos días pues como va a ser Navidad cerramos el 24 al mediodía.

En ese momento todavía no sabía cómo le iba a hacer, pero con mucha seguridad le dije —Perfecto, muchas gracias. Yo vengo el miércoles antes del mediodía a pagarle. —Estaba consciente de que entre Denny y yo solo contábamos con seiscientos, pero estaba segura de que mi Padre Dios me daría la luz y me ayudaría a conseguir lo que me faltaba.

Si hubiera sido en estos tiempos, las tarjetas de crédito bien administradas lo solucionarían todo, pero en aquellos días yo no manejaba ninguna. Así que me faltaba ver cómo solucionar y conseguir el dinero para el otro boleto.

La única forma era pedirlos prestados. Aunque pedir dinero prestado era algo que nunca en mi vida lo había hecho. Pues algo muy importante que nos enseñó mi mamá y que le agradezco siempre, fue ser independientes y trabajar para solventar los problemas económicos. Sin embargo, en ese momento no era el caso. Necesitaba ayuda de alguien. Pero ¿de quién? Mi Padre Dios me daría la solución. La primera persona en la que pensé fue mi mamá. Era la más indicada pues ella siempre veía la forma de ayudarme en lo que fuera, pero en esta ocasión, no quise acudir a ella ni a mis hermanos porque en realidad yo sabía que no era algo urgente. Solo era un capricho de mi parte el querer irme a Estados Unidos para facilitar los trámites del acta de nacimiento y del pasaporte. Con el paso del tiempo me di cuenta de que fue una decisión equivocada, porque estoy segura de que si les hubiera dicho, hubieran visto la forma de ayudarme de una manera u otra. Pero iba a ser Navidad y yo sabía que cada uno tenía sus propios gastos como para añadir otros trescientos dólares que en aquel tiempo era mucho. Así que tuve que pensar en otra solución, pues yo estaba aferrada a que el bebé naciera en Estados Unidos y no quería desistir de la idea.

Ese día en la tarde, cuando llegó Denny de trabajar, le platiqué que ya había hecho la reservación y cuánto iban a costar los boletos. Sabíamos que no teníamos lo suficiente en ese momento y nos pusimos a platicar pensando cómo podríamos resolverlo. De repente alguien se me vino a la mente, ¡Roni! —¡Ya sé quién nos puede ayudar! ¡Roni! —Roni era una amiga norteamericana que asistía al grupo de AA con Denny. Siempre que nos veía, muy amablemente me decía —Si algún día necesitas algo no dudes en preguntarme. —Entonces Denny me dijo —¡Oh no!, ya se acabaron las juntas de AA y no regresamos hasta enero. No sé dónde vive. Es muy posible que ya se haya ido a Estados Unidos. —¡Qué cosas! —me sentí triste, pues Roni era la única persona en ese momento a la que tendría la confianza de pedirle el favor y que estaba segura de que me ayudaría. Pero no había forma de saber dónde encontrarla.

"Bueno," nuevamente pensé... "mi Padre Dios nos dará la solución". No podía evitar sentirme triste porque no sabía qué hacer. Sin embargo, lo último que podía perder era la fe, y eso no lo podía permitir. En ese tiempo apenas empezaban los celulares y eran muy caros. No había esa facilidad de comunicación como la hay hoy en día. Ni idea de cómo contactarme con ella.

Así que me dormí pidiéndole a mi Padre Dios con toda mi fe que me iluminara y me diera la respuesta. Yo sabía que él me ayudaría a encontrar la solución para saber cómo conseguir el dinero que me faltaba, pues solo me quedaba un día para poder pagar los boletos ya que de eso dependería en dónde nacería el bebé, si en Estados

Unidos o en México. Y eso definitivamente estaba en manos de mi Padre Dios.

En la vida, uno se aferra a cosas que a veces parecen imposibles; uno se desespera porque quisiera que todo fuera posible y que mi Padre Dios te diera la solución como la esperas y en el momento que tú quieres, pero no es así. Por eso es tan importante confiar en él. Que lo que pase es porque mi Padre Dios tiene la última palabra. El tiempo nos daría la respuesta. Si estaba escrito que el bebé naciera en Estados Unidos mi Padre Dios nos daría la luz y nos pondría los medios. Así que no había de qué preocuparse.

Al día siguiente, era martes veintitrés de diciembre. Denny se levantó temprano y se fue a trabajar. Jessica Lizeth y Jaclyn Elizabeth estaban invitadas a una fiesta de cumpleaños y estaban ansiosas de que llegara la hora de irnos, pero a la vez un poco preocupadas por el clima. Al ver sus caritas, pensé: "En la vida tienes que vencer todos los obstáculos que se te presenten". Aunque el día estaba un poco nublado y parecía que iba a llover, eso no sería un obstáculo para no llevarlas, pues estaban muy ilusionadas. Así que, ya arregladas y con una sombrilla, nos fuimos a comprar el regalo de cumpleaños, ya que de ahí tomaríamos un taxi para ir a Playacar donde era la fiesta.

Salimos con tiempo suficiente, pues la fiesta comenzaba a las dos de la tarde. Así que a la una cuarenta y cinco ya estábamos con el regalo fuera de la tienda en la parada del taxi. Empezaba a lloviznar y esperábamos que pronto llegara un taxi. De repente, comenzó un aguacero fuertísimo, lo cual llenó a las niñas de angustia, pues se les veían sus caritas de preocupación, pues habían estado varios días con la ilusión de ir a la fiesta de su amiga. Pasaba el tiempo y no dejaba de llover. No había ni un solo taxi. Pasaban algunos, pero todos ocupados. Pasaron varios minutos y la lluvia continuaba, las caritas de las niñas se veían un poco tristes. Yo las animaba y les decía —No se preocupen, seguro que ahora llega un taxi. —Pero nada, pasaban y pasaban pero todos llenos. El tiempo seguía corriendo y nosotras seguíamos ahí paradas esperando el taxi. Habían pasado ya cuarenta y cinco minutos desde que salimos de la tienda. Eran ya las dos y media y seguía lloviendo, no había señal de que llegara alguno. Pasaron quince minutos más, ya casi eran las tres y se empezaba a hacer cansada la espera, sobre todo para ellas.

Entonces, con todo el dolor de mi corazón, les dije —Lo siento mis niñas, solo vamos a esperar cinco minutos más, y si no llega un taxi creo que ya no vamos a poder ir, pues la fiesta empezó desde las dos y no hay taxis.

Pero el plan de Dios ya estaba escrito, por alguna razón que yo desconocía, él quería que estuviéramos en esa fiesta, porque ¡de repente! ¡El taxi llegó! Jessica Lizeth ¡super contenta! y Jaclyn Elizabeth gritaba emocionada —¡Taxi! ¡Taxi! —¿Y yo? También muy feliz de ver a las niñas tan emocionadas, pues me hubiera dado mucha tristeza no haberlas llevado después de que habían estado contando los días.

Nos subimos al taxi y al llegar a Playacar, ¡gran sorpresa! ¡Ahí no estaba lloviendo! El cielo estaba azul, ni una sola nube y mucho sol. ¡Increíble! Saludamos a la señora Gordon, y Jessica Lizeth y Jaclyn Elizabeth pronto se integraron a la fiesta. Así que muy felices se pusieron a jugar. La fiesta era en un conjunto habitacional muy bonito donde las casas tenían un jardín común precioso con mesas para comer.

Entonces me senté mientras la señora acomodaba algunas cosas de la comida sobre la mesa. Muy amablemente me ofreció un refresco y nos pusimos a platicar. No tenía ni cinco minutos de haber llegado cuando de pronto, escuché que alguien a distancia saludó —¡Hola! —El saludo fue en inglés y se me hizo conocida la voz. Inconscientemente volteé para ver quién era, y cuál va siendo mi sorpresa al ver de quien provenía el saludo. ¿Roni? ¡Esto es increíble! ¡Era Roni!

—¡Roni! ¡Era Roni! —No lo podía creer. Mi Padre Dios me había dado la respuesta. Por alguna razón, yo tenía que ir a Baltimore. ¡Esto no era una simple coincidencia! ¡Era un milagro! ¿Por qué? En ese momento no lo sabía. Sin embargo, indudablemente esto era obra de Dios, no había otra explicación. Roni vivía al otro lado de la casa de Lolita, la amiga de Jessica Lizeth donde era la fiesta. ¡Esto era increíble! Era tanta mi emoción que me puse un poco nerviosa. Sentía que me palpitaba fuertemente el corazón. Mi Padre Dios nos llevó justamente al lugar y a la hora indicada a la fiesta.

Pude haber llegado un poco más tarde y no haberla visto, pero salió y saludó justo cuando llegué. Así que ahora tenía que armarme de valor para pedirle el gran favor. Para mí no era fácil, pues realmente se me complicaba porque nunca me había gustado pedir dinero prestado. Pero a la vez le pedí a Dios que me diera fuerza para hacerlo. Entonces me armé de valor, me animé y fui. Toqué la puerta y salió su hijo. Lo saludé —¡Hola! —y le pregunté—: ¿Está tu mamá? —Sí, se acaba de meter a bañar —me respondió. —Ah, bueno —le dije—, vengo en un ratito. —Así que regresé a la fiesta, pero ya no estaba a gusto, pues estaba con la inquietud de volver a ir. Pasó un rato y ya no me animaba a ir otra vez. Pero pensé: "Esto no es una casualidad. Por alguna razón nos invitaron a la fiesta justamente al lado de la casa de Roni. Roni solo salió por un momento y saludó, justamente cuando yo acababa de llegar". Todo esto pasaba por mi mente. Esto era indudablemente obra de mi Padre Dios, así que me armé de valor otra vez y fui. Esta vez, cuando toqué la puerta, salió Roni. Se vio que le dio mucho gusto verme.

—¡Hola Inés! ¿Cómo estás? ¡Qué gusto verte de nuevo! —me dijo, siempre con su sonrisa y una amabilidad que la caracterizaba. Después de saludarla, le expliqué la situación y me dijo—: ¡Con muchísimo gusto! Como siempre te lo he dicho, ya sabes que lo que se te ofrezca siempre. ¡Cuenta con ello! Mañana temprano te los llevo a tu casa.

Yo todavía no lo podía creer. Mi plan era que naciera el bebé y regresarnos a Playa del Carmen después de un mes de nacido. Así que agradecidísima con ella le dije

—Te prometo que te los pago en cuanto regresemos.

—¡Sí, claro! —me dijo—, ¡no te preocupes!

—Felizmente esperé que se acabara la fiesta y nos fuimos a la casa. Les dije a las niñas —¿Qué creen? ¡Sí nos vamos a Baltimore! —Jessica Lizeth y Jaclyn Elizabeth, súper emocionadas, pronto me ayudaron a empacar las maletas. Cuando Denny llegó de trabajar, le platiqué cómo fue que supe dónde vivía Roni y no lo podía creer, se puso muy contento de que habíamos encontrado la solución, ya que él también prefería que el bebé naciera en Estados Unidos.

Al día siguiente, como a las diez de la mañana, vi que llegó un coche. Era Roni. Así que bajé corriendo las escaleras y la saludé. Entonces me dijo —¡Hola Inés, buenos días! Tuve un contratiempo y me estoy yendo a Cancún, pero ve al hotel Gardenias y le das esta notita al recepcionista, él te va a dar el dinero. —Me dio una notita rotulada con el nombre del hotel, firmada por ella, que decía: "Por favor, dale 300 dlls a la Señora Inés". Hasta ese día supe que Roni tenía un hotel. Así que súper emocionada nos despedimos y le di las gracias. Indudablemente la vida es más plena cuando pones tu confianza en Dios.

De inmediato subí emocionadisima por las niñas y nos fuimos al hotel por el dinero y de ahí a la agencia de viajes por los boletos. Cuando llegamos, la señorita ya no me preguntó nada y ya tenía listos los boletos. Así que le pagamos y muy contentas regresamos a la casa. Como ya teníamos listas las maletas ya no había nada de qué preocuparse. Ahora había que enfocarse en celebrar la Navidad, que para mi era la época más bonita del año. Así que esperamos a que llegara Denny del trabajo y muy contentos nos pusimos a organizar la cena. A Denny le gustaba mucho cocinar además de que hacía riquísimo, así que él se encargó de la comida. A las niñas les encantaba ayudar, así que ellas me ayudaron a hacer los postres. Hicimos unas galletas de maizena muy ricas, decoradas con grageas y granillos de chocolate. Algunas llevaban la mitad de una cereza y otras eran unas rosquitas bañadas con azúcar glass. Mientras estaba la cena y las galletas listas, felices me ayudaron a poner la mesa y a poner algunas decoraciones más. Escuchando alegres villancicos, cenamos muy rico y pasamos muy contentos la Navidad.

El Viernes 26 de diciembre, las niñas estaban muy entusiasmadas por el viaje, y yo, con un poco de temor de que no me dejaran viajar. Yo llevaba puesto un sweater largo y un poco flojo, una cobija pequeña medio doblada sobre el brazo y mi bolsa un poco grande con la intención de cubrirme y que mi embarazo ya avanzado no llamara la atención, pues tenía un poco de temor porque ya varias personas me habían expresado que posiblemente no me dejarían viajar. Sin embargo, traté nuevamente de poner toda mi confianza en Dios y nadie se dio cuenta. Ni siquiera me preguntaron nada. Así que nos dirigimos a la sala de embarque para emprender nuestro viaje a Estados Unidos, donde nacería nuestro nuevo bebé.

Ahora, querido lector, prepárate para abordar el vuelo 1998 de United Airlines y acompáñame a leer los siguientes capítulos donde encontrarás las increíbles e inspiradoras historias que hicieron posible el gran acontecimiento.

A medida que exploramos las páginas siguientes, veremos cómo cada desafío que enfrentamos nos preparó para el siguiente, y cómo cada obstáculo superado nos fortaleció para el camino que aguardaba.

Capítulo 4

VUELO 1998
Viaje de Bendiciones: Misterios por Descubrir

Algunas veces, en el transcurso de la vida, nos encontramos sumidos en preocupaciones que parecen abrumadoras, olvidando que solo necesitamos depositar nuestra fe en Dios y estar agradecidos por su guía constante en nuestras vidas. Con esta convicción en nuestro corazón, continuamos sin contratiempos hacia la sala de abordaje.

Consciente de que teníamos que hacer escala en Carolina del Norte, estaba preparada para enfrentar las inevitables opiniones ajenas que siempre acompañan nuestros viajes. La vida es así. Siempre hay gente a la que le gusta estar pendiente de la vida de los demás. A veces esas opiniones no caen bien, pues creo que se deberían preocupar por su vida misma. Mientras aguardamos para abordar el segundo vuelo, una pasajera con curiosidad se acercó con preguntas sobre mi embarazo...

—¿Cuántos meses tiene? ¿Cómo es que la dejaron viajar? Parece que ya va a tener a su bebé —comentó. Con calma, respondí —Todavía falta. —La señora me miraba con incredulidad, pero no me preocupaba, pues no necesitaba sus opiniones. Finalmente, ella no era parte de la aerolínea, solo era otra pasajera, así que no le hice caso. La vida nos enseña a lidiar con diversas situaciones, y esta no sería la excepción.

Pronto llegó la hora de nuestro siguiente vuelo y no estaba por demás continuar tomando las mismas precauciones para asegurarme de que todo transcurriera sin contratiempos. Lo importante era que yo estaba feliz de que gracias a Dios había resuelto lo de los boletos y ya estábamos en camino. ¡Qué maravilloso era sentir la alegría de la vida rodeada de mis dos pequeñas hijas durante el viaje! Las dos muy divertidas, Jaclyn Elizabeth por su corta edad era muy graciosa y muy ocurrente. Jessica Lizeth era una niña muy buena y muy dulce. Indiscutiblemente, las dos eran muy inteligentes y muy divertidas. ¡Las adoro! Cada una con una personalidad única. Jessica Lizeth era muy organizada y muy creativa, así que inventaba diferentes juegos mientras íbamos en el avión para hacer que el tiempo se hiciera más corto y el viaje no fuera tan aburrido. El tiempo que pasaba con ellas era invaluable. Las dos eran encantadoras. Me hicieron reír todo el vuelo. Llenaban mi vida de amor y de alegría cada momento de mi vida. Eran hermosas, y lo siguen siendo. Son una gran bendición.

¡Afortunadamente, tuvimos un vuelo excelente! En aquel momento al tiempo que el avión aterrizaba, sentía que la vida estaba llena de posibilidades y que este nuevo bebé traería aún más alegría a nuestras vidas. Pues cada ser es único e inigualable en la esencia de su ser.

Cuando nos bajamos del avión, eran casi las seis de la tarde. Mi cuñado Buddy radiante de alegría nos esperaba en el aeropuerto. Jaclyn Elizabeth y Jessica Lizeth estaban muy emocionadas, pues Buddy era su tío favorito. Buddy siempre que tenía oportunidad las divertía y las consentía. Era muy alegre y juguetón. Era como otro niño cuando estaba con ellas. Siempre al pendiente de que no les faltara nada. Más que un tío parecía como un segundo papá. Jessica Lizeth y Jaclyn Elizabeth en cuanto lo vieron, corrieron a saludarlo.

Una vez que recogimos las maletas, nos fuimos a su casa. Mientras Buddy manejaba, la ciudad de Baltimore se extendía ante nosotros, una ciudad hermosa, con sus altos edificios y su bullicio característico. El sol de la tarde iluminaba las calles mientras nos adentramos en ese precioso lugar. El sonido de los automóviles y el murmullo de la gente llenaban el aire, anunciando nuestra llegada.

Nos sentíamos muy felices. Después de horas de viaje, finalmente habíamos llegado a Baltimore. Miré a mi alrededor, maravillada por la energía vibrante de la ciudad. Todo parecía como un sueño hecho realidad. Se me había concedido viajar a Baltimore para que ahí naciera nuestro bebé. Una ciudad muy diferente de la cual guardo muy bonitos recuerdos. Diferente a Playa del Carmen, que con su majestuosa playa tiene una belleza muy particular. Me sentía un poco preocupada, pues había mucho por hacer, pero en ese momento lo importante era que gracias a Dios ya estábamos ahí.

Al llegar a su departamento, casi eran las siete de la noche. Bajamos las maletas y Buddy nos invitó a saludar a la señora Loretta y al señor Ray, los amables propietarios de la casa. Muy lindos y muy finas personas, nos recibieron con calidez y nos ofrecieron algo de tomar. A las niñas les dieron chocolates, como un gesto de hospitalidad. Me acuerdo que eran m&m's. La señora Loretta, al saber que el propósito de nuestro viaje era el nacimiento del bebé, se ofreció amablemente a prestarme una cuna para los días posteriores al parto, pues los planes eran quedarnos un mes después de que naciera el bebé para no exponerlo tan chiquito a un viaje tan largo en el avión. Nos despedimos de los señores y regresamos al departamento pues ya era tarde. Estábamos muy cansadas por el viaje y había que descansar.

Nuestro plan era que el bebé naciera en el hospital Franklin Square, ya que cuando nació Jaclyn Elizabeth tuve una experiencia muy positiva y recibí una excelente atención.

Pasó el fin de semana, y el lunes 29 de diciembre, me levanté muy temprano para llamar a la clínica del hospital y hacer la cita. La recepcionista me preguntó muy amablemente —¿Qué seguro tiene? —Ninguno —le contesté—. No tengo seguro médico. —¿Y cuándo nace su bebé? —Aproximadamente en tres semanas —le respondí. —Muy bien —me dijo la señorita—, déjeme checar.

Entonces me dijo —Como el nacimiento de su bebé ya está muy próximo, podemos atenderla hoy mismo. —Mis ojos se iluminaron con gratitud. —¡Excelente! —exclamé, agradecida por su amabilidad. La cita quedó fijada para las diez de la mañana. Entonces pasó por mi mente la promesa de mi cuñado Buddy, quien ya tenía planes de apoyarme en todo lo que necesitara pues era lunes y era su día de descanso.

Cuando llegamos a la cita, la señorita me entregó unos papeles para que los llenara y pudieran tramitar el seguro médico. —En unos minutos la llamaremos —me aseguró. Este pequeño trámite me tranquilizó y alegró, ya que estaba un poco preocupada por no tener seguro médico. Sin embargo, sabía que no sería un obstáculo, ya que para ciudadanos o residentes, era un trámite sencillo. Después de completar los formularios, me pasaron a un consultorio donde me hicieron los análisis de rutina. La enfermera, con amabilidad, me dijo —De una vez le vamos a hacer un ultrasonido. —Qué bueno —le dije—. Muchas gracias. —La enfermera me dio las instrucciones necesarias y me aseguró que el especialista llegaría en breve.

Mientras esperaba, aproveché para agradecerle a Dios por la existencia de esa nueva vida que llevaba dentro de mí y por no haber tenido ningún obstáculo para recibir la atención médica necesaria en la clínica.

Luego llegó la especialista acompañada de la enfermera para hacerme el ultrasonido. La doctora me hizo varias tomas y cuando terminó me dijo —Este aparato parece que no alcanza a detectar bien las imágenes, me gustaría hacerle el ultrasonido en un aparato más grande. ¿Podría venir mañana? —Sí, claro —le contesté. En ese momento asumí que solo era el aparato y tranquilamente nos regresamos a la casa. Había que esperar con paciencia y regresar.

Capítulo 5

Pruebas de Fe: Una Noticia Inesperada

Era martes 30 de diciembre, el día amaneció un poco nublado y con mucho frío. El aire se sentía diferente, parecía como si fuera a nevar. Bien abrigados nos fuimos a llevar a las niñas a la casa de su abuelita, la señora Lillian. Ella me había ofrecido cuidarlas mientras yo iba a la clínica de nuevo. Buddy tenía que irse a trabajar pero antes me dejó en la clínica. El trabajaba en el correo pero por ser vísperas del último día del año cerraron más temprano de modo que quedó de recogerme al mediodía.

Cuando llegué, la sala de espera estaba llena de personas. Pero no me preocupé porque yo tenía cita por lo cual no tardé mucho en pasar. Una enfermera muy amablemente me llevó a una sala. No me imaginaba que el aparato fuera a ser tan grande. Allí se encontraba la persona que me haría el ultrasonido nuevamente. Me dio instrucciones y me dio una bata para que me cambiara. Me acosté en la camilla sintiéndome un poco nerviosa, pero era normal estarlo. Estaba en otro país y aunque yo hablaba inglés, muchas cosas no alcanzaba a entenderlas con claridad. Sin embargo estaba tranquila ya que en Playa del Carmen me habían hecho un ultrasonido y me habían dicho que el bebé estaba bien así que no había nada de qué preocuparse. La doctora, concentrada en su trabajo, comenzó a deslizar el transductor sobre mi vientre.

Yo solo observaba que se detenía constantemente y hacía anotaciones. Después de unos minutos la radióloga detuvo el ultrasonido haciendo como una cara de preocupación. —Permíteme un momento

—dijo antes de salir apresuradamente de la habitación. Fue en ese momento cuando la preocupación se apoderó de mí. Mi corazón latía con fuerza mientras esperaba, y en silencio apretaba mis manos con ansiedad. "Por favor, que mi bebé esté bien", le pedía a mi Padre Dios con todas mis fuerzas.

La puerta se abrió y la radióloga regresó con otros dos doctores. Se acercaron al ultrasonido y la radióloga les mostró las imágenes. Su conversación era en voz baja pero como eran términos médicos, yo no alcanzaba a entender lo que decían. En ese momento fue donde me entró más la angustia y la preocupación. Pensé dentro de mí: "¿Será que detectaron algo? ¿Pero qué podrá ser?" No podía imaginarlo. Tenía que tener paciencia y esperar a que me dijeran qué pasaba. Esos momentos se me hicieron eternos mientras yo le pedía a Dios que no fuera nada grave. Pero no aguanté a esperar —¿Podrían decirme por favor qué pasa? —pregunté con una voz de preocupación y un poco temblorosa, apenas capaz de contener mi ansiedad. La doctora me miró con compasión y colocó una mano reconfortante sobre mi hombro. —Danos unos minutos. Necesitamos revisar algunos detalles más antes de darte los resultados —respondió con suavidad.

El tiempo parecía detenerse mientras los médicos examinaban meticulosamente las imágenes en la pantalla. Finalmente, la doctora con voz de preocupación me preguntó —¿Alguien te acompaña? —No —le respondí—, vengo sola. —Puedes vestirte —dijo amablemente pero con una voz cargada de seriedad—. Te espero afuera para explicarte. —Sentí que mi corazón latía con fuerza al mismo tiempo que una enorme necesidad de llorar se apoderaba de mí. En ese momento, no tenía a nadie a mi lado para hacer ningún comentario; todo eran pensamientos para mí misma. En aquel tiempo tener un celular no era muy común como ahora que cualquier cosa inmediatamente te comunicas. Con el único que podía hablar era directamente con mi Padre Dios, así que pensé: "Dame fuerza para enfrentar lo que venga". Me levanté y me vestí con manos temblorosas y me palpitaba fuertemente el corazón. No podía imaginar qué le podría estar pasando a mi bebé. Cada segundo se sentía como una eternidad mientras yo salía de la sala del ultrasonido, pensativa y dispuesta a enfrentar lo que vendría a continuación.

La doctora me estaba esperando afuera y me indicó pasar a otra sala que estaba al final del pasillo. Mientras caminábamos hacia la sala por el pasillo blanco del hospital, mis pensamientos estaban llenos de ansiedad y anticipación, preguntándome qué noticias me esperaban. Entramos a una pequeña oficina y me dijo —Siéntate por favor.

Traté de mantener la calma, pero mi mente estaba llena de preguntas sin respuestas. Yo estaba ansiosa por saber y esos minutos se me hacían eternos. El silencio era abrumador, roto solo por el sonido del papel mientras ella pasaba las hojas de mi expediente médico. Desesperada, le pregunté —¿Me puede decir por favor qué le pasa a mi bebé? —La doctora me contestó —Los resultados del ultrasonido no son muy favorables. —¿Cómo? ¿Por qué? —le volví a preguntar. —Tu bebé viene con un problema muy serio en el corazón —dijo.

En ese momento sentí que se me fue la sangre hasta los pies y no pude contener el llanto. Mi corazón se hundió en mi pecho mientras escuchaba sus palabras, tratando de mantener la compostura mientras procesaba la gravedad de la situación. —Vamos a discutir todas las opciones y desarrollar un plan de acción —dijo, ofreciendo un rayo de esperanza en medio de la oscuridad.

Con desesperación, pregunté una vez más —Pero, ¿qué le pasa a mi bebé? ¿Qué tiene en su corazón? —No podía dejar de llorar. La doctora, preocupada, me dio un pañuelo, al mismo tiempo que trataba de consolarme. Esperando que me tranquilizara un poco para explicarme. —Es un problema llamado hipoplasia ventricular izquierda. Esto quiere decir que el ventrículo izquierdo no alcanzó a desarrollarse en su totalidad y tiene una función muy importante, ya que es el encargado de bombear la sangre al cuerpo —pero, inmediatamente continuó—: No llores —me dijo la doctora—, hay esperanza. Afortunadamente, estás en el lugar perfecto. Aquí en Baltimore, tenemos el Hospital

Johns Hopkins, reconocido como el mejor hospital a nivel mundial, con un equipo excepcional de especialistas en cardiología, pediatría y cirugía, listos para brindar la mejor atención para tu bebé. Voy a gestionar una cita lo más pronto posible para que te atiendan de inmediato. —En ese instante, tomó el teléfono y empezó a hacer llamadas.

Cuando la doctora mencionó ese hospital, sentí como un rayo de luz que atravesaba mi alma, llenándome de esperanza y renovando mi fe. Mientras ella realizaba las llamadas para concertar la cita, las lágrimas brotaban de mis ojos. Además del dolor que sentía por la noticia, también eran lágrimas de gratitud. Agradecí entonces a mi Padre Dios con todo mi ser por haberme guiado hasta ese momento, por haberme brindado los recursos necesarios para estar en el lugar perfecto y ofrecerle a mi bebé la mejor atención posible.

En medio de la emoción, y tantos sentimientos encontrados, reflexionaba sobre los giros inesperados de la vida. ¿Qué habría ocurrido si no hubiera ido a Baltimore? Cada página de esta historia parece tener un propósito divino, y ahora comprendía que cada desafío, cada obstáculo superado, había sido una preparación para este momento crucial. Sentía que estaba en el lugar exacto donde debía estar, confiando infinitamente en que la misericordia de Dios me había conducido hasta ahí para asegurar el bienestar de mi pequeño milagro.

Mi corazón latía con fuerza, no solo por la ansiedad ante lo desconocido, sino también por la certeza de que estaríamos en manos de los mejores profesionales, en un hospital de renombre mundial. Era un momento de intensa emoción, de gratitud desbordante y de fe inquebrantable en el poder divino que guía nuestros pasos hacia la luz, incluso en los momentos más difíciles de nuestra vida.

Seguía en espera, al tiempo que pasaban todos estos pensamientos por mi mente, escuchaba a la doctora que seguía hablando, pues no concretaba hacer la cita. Era la última semana de diciembre, y la clínica estaba cerrada debido a las festividades de Navidad y Año Nuevo. Sin embargo, mi Padre Dios estaba enviando ángeles a mi vida, ya que la vida de mi bebé estaba en juego.

Afortunadamente, la doctora logró contactar al Doctor Reid Thompson, quien, a pesar de estar de vacaciones, se comprometió a ser el primer médico en atender a mi bebé antes y después del parto. Escuché cómo la doctora le explicaba el caso al Doctor, suplicándole que me atendiera lo antes posible, mientras mencionaba mi angustia. Después de unos momentos de tensión, la doctora agradeció emocionada y confirmó la cita. Escuché que con gusto le decía —¡Gracias! ¡Muchas gracias, Doctor Thompson! Entonces el viernes a las nueve de la mañana.

De inmediato la doctora me dio la buena noticia. —Ya tienes tu cita —me dijo—. Es este viernes a las 9:00 a.m. en el Outpatient Center del Hospital Johns Hopkins. El doctor Thompson está de vacaciones, pero va a ir especialmente a atenderte. —Yo no podía creer el gesto del Doctor, dispuesto a ayudarme a pesar de estar de vacaciones, ¡sí que me conmovió profundamente! Pensé: "Qué muestra de humanidad, de humildad y de profesionalismo de parte del doctor".

Entre lágrimas de agradecimiento y esperanza, agradecí a Dios por haber puesto a la doctora en mi camino, y por la disposición del Doctor Thompson de atenderme incluso estando de vacaciones. La doctora, notando mi emoción, me reconfortó con un vaso de jugo de manzana y un cálido abrazo. —Ten fe —me dijo con voz esperanzadora—, tu bebé va a estar bien. —Salí del Hospital Franklin Square con un agradecimiento enorme hacia la doctora tan amable y hacia el doctor Thompson también. ¡Personas increíbles! ¡Ángeles en mi camino! No había otra explicación.

Cuando salí de la clínica, Buddy ya me estaba esperando, así que en el camino, le platiqué la triste noticia. Pero llena de fe y con lágrimas en los ojos le dije —Pero hoy más que nunca, mi fe tiene que ser más fuerte. Me dijeron que hay esperanza de salvarle la vida. Me dieron cita en un hospital que se llama Johns Hopkins.

Buddy exclamó —¡Johns Hopkins! ¡Sí! ¡Es el hospital número uno a nivel mundial! No te preocupes, el bebé va a estar bien. —Nuevamente sentí una luz de esperanza al ver que había alguna forma de salvar la vida de mi hijo. —¿Cuándo es la cita? —me preguntó. —El viernes 2 de enero a las 9 de la mañana. —Buddy, con su gentileza de siempre, me respondió—: No te preocupes, yo te llevo. Cuenta conmigo en todo lo que necesites.

De ahí fuimos a la casa de la señora Lill, a recoger a Jessica Lizeth y a Jaclyn Elizabeth. Cuando llegamos a la casa, les expliqué lo que estaba pasando y comencé a llorar de nuevo. Las niñas me abrazaron y Jessica me dijo —No llores, mami. Mi hermanito va a estar bien. Vamos a pedirle a mi Padre Dios que lo cure. —Sí, mi reina —le contesté. Jaclyn, que solo tenía tres años, con sus ojitos que brillaban como unas estrellitas, me decía —Mami, ¡yo voy a ser doctora y yo voy a curar a mi hermanito! —Ella no entendía exactamente lo que estaba pasando, sin embargo, también se veía preocupada y me abrazó.

La señora Lill era muy alegre y muy buena gente. Le gustaba mucho hacer bromas, siempre tratando de hacer la vida más divertida y cuando íbamos a su casa siempre estaba al pendiente de que estuviéramos bien atendidos. Sin embargo, esta vez no podía hacerlo. La noticia nos cayó de sorpresa a todos, así que ella se mostraba muy triste también y tratando de consolarme por la triste noticia me ofreció algo de tomar. Entonces le pedí permiso para usar el teléfono, pues tenía que hablarle a Denny, que se había quedado en Playa del Carmen, para explicarle la situación. Denny, muy triste por la noticia pero confiando en que estábamos en el mejor lugar, me dijo, coincidiendo con su hermano

—¡Johns Hopkins! ¡Sí! ¡Es el hospital número uno a nivel mundial! El bebé va a estar bien. ¡No te preocupes!

Así que cada vez que escuchaba los comentarios sobre Johns Hopkins, mi vida se llenaba de esperanza y me sentía más tranquila. Después llamé a mi mamá para platicarle lo que estaba pasando. Escuché su voz llena de tristeza cuando me contestó. —¡Cómo! —dijo ella—. ¡Qué barbaridad! No te apures, ten mucha fe en Dios, vas a ver que todo va a salir bien. —Mientras escuchaba estas palabras de mi mamá, mis ojos se llenaron de lágrimas y no pude contener el llanto. Mi mamá me consolaba y me decía —No llores, Reina —que así me decía ella—, vas a ver que tu bebé va a estar bien. Para mi Padre Dios no hay imposibles. Te prometo que hoy mismo empiezo con una cadena de oración. Ten fe y vas a ver que todo va a salir bien. —Mi mamá tenía razón. Al escuchar sus palabras de consuelo, hice una reflexión.

Ten fe. ¡Sí! Esa era la clave. Tener fe y esperar con paciencia. Así que junto con mis hermosas hijas todos los días le pedíamos a Dios por la salud de su hermanito y con ansia esperé que llegara el viernes para ir a la cita con el Doctor Thompson.

Pasamos el fin de año en la casa de la señora Loretta y el señor Ray que muy lindos nos invitaron a celebrar con ellos. Como eran días de fiesta, sentí que los días se fueron más rápido. Comenzaba el año nuevo y junto con él, un rayo de luz y esperanza. Indudablemente, *todo estaba en manos de Dios*.

Capítulo 6

Opciones, Fe y Determinación

El viernes 2 de enero, mientras íbamos de camino al hospital, Jessica Lizeth, que era muy observadora, exclamó —¡Mira, mami! ¡Parece que el cielo está iluminado! —¿Cómo? —le dije. —¡Sí, mami! Hay mucha luz y hoy está más azul que otros días. —¡Es cierto! ¡Tienes razón! —le contesté. Efectivamente, tenía razón. El día era diferente, pues desde que llegamos a Baltimore todos los días habían estado nublados y lluviosos. Ese día era diferente. El sol resplandecía con un cielo azul muy intenso. Pareciera como si mi Padre Dios hubiera iluminado el cielo para darme un aliento de esperanza.

Llegamos y, después de todo lo bueno que me habían hablado del hospital, al ver el edificio, vi con entusiasmo el nombre del hospital, el cual me parecía majestuoso: "Johns Hopkins Outpatient Center". Efectivamente, la clínica estaba cerrada. Ese día solo la abrieron para nosotros. ¿No te parece extraño? Lo abrieron sólo para nosotros. Yo estaba ansiosa de encontrarme con el doctor para que me explicara cuál sería el plan a seguir pues ya se acercaba el día tan esperado.

El edificio parecía estar totalmente solo, y al llegar, una señorita muy gentil nos estaba esperando en la puerta. Después de presentarse con nosotros como la asistente del doctor, nos pasó al edificio. Subimos al elevador hasta el séptimo piso, que era el piso de Cardiología pediátrica. Normalmente en la vida uno espera al doctor y esta vez era diferente. Aquí, el doctor Thompson ya nos estaba esperando y muy amablemente se presentó con nosotros. —Hola, soy Reid Thompson —nos dijo—. Pasen, por favor. —Nos saludó a cada uno y les preguntó a las niñas sus nombres. Les ofreció pasar a una salita donde había una televisión y juegos para niños. Las niñas decidieron quedarse, ansiosas por escuchar lo que el Doctor diría sobre cómo salvar a su hermanito. Luego nos sentamos y el doctor Thompson me dijo —Primero voy a hacer un ultrasonido para cerciorarme y tener más precisión de la situación del bebé. Después habrá que hacer otros análisis rutinarios y programar su nacimiento.

—Muchas gracias —le dije, todavía con la esperanza de que en el otro hospital se hubieran equivocado. Pero no fue así. Cuando el doctor terminó de hacer el ultrasonido, nos explicó más detalladamente la gravedad del problema.

—El síndrome de hipoplasia ventricular izquierda (HLHS) es una condición médica en la que el ventrículo izquierdo del corazón no se desarrolla completamente antes del nacimiento. El ventrículo izquierdo es la parte del corazón que bombea la sangre oxigenada al cuerpo y esto ocasiona dificultades para que haga su función.

Al tiempo que el doctor hablaba, todo parecía como un sueño, pero eso era lo que mi corazón anhelaba. Que todo fuera un sueño. Sin embargo, era una realidad, eso era lo que estaba pasando.

El doctor continuó explicando —Esta condición es sumamente rara, ya que afecta aproximadamente a 1 de cada 5,000 a 10,000 bebés. Es una condición muy grave por lo que se requiere forzosamente una serie de cirugías, de lo contrario, el bebé no podría sobrevivir.

De modo que tienes tres opciones —me dijo—: La primera sería cirugía, la cual se hace en tres fases, pero el bebé no va a sentir dolor porque siempre estará sedado con medicamentos para el dolor, y cuando crezca no se va a acordar. En esta opción, el bebé estará con un ventilador con oxígeno, ayudando al bebé a respirar, y los medicamentos se administrarán por vía intravenosa. En esta opción tiene un setenta y cinco por ciento de probabilidad de sobrevivir, aunque como todo, tiene sus riesgos. La segunda es un trasplante, pero tendría que ponerse en lista de espera, y es un poco más difícil, pues de cualquier manera tendría que hacerse la operación mientras está en lista de espera ya que encontrar un corazón donante así de pequeño es muy difícil. Y la tercera es no hacer nada. Algunos papás por temor a no tener la fuerza para pasar por todo el proceso, prefieren no hacer nada y dejarlo morir. —Al decir la última opción, mi cabeza se movió con un movimiento de negación al mismo tiempo que pensaba: "esa fuerza solo se adquiere con la fe en Dios y el gran amor por tu hijo".

Cuando el doctor Thompson terminó de explicarnos sobre las tres opciones, inmediatamente le dije —La primera opción. —Con las cirugías teníamos el setenta y cinco por ciento de probabilidad de salvarle la vida, así que no había más que pensar. El doctor me dijo —Estoy de acuerdo con usted. La decisión que ha tomado es la mejor.

—¿Y cómo sería el tratamiento? —le pregunté al doctor.

—El tratamiento consiste en tres etapas —me contestó y continuó explicando—. Norwood es la primera etapa la cual se realiza durante las primeras horas de vida del bebé. Durante esta cirugía, se crea un nuevo conducto para permitir que la sangre oxigenada fluya del corazón hacia el cuerpo. Además, se redirige la sangre desoxigenada desde el cuerpo hacia los pulmones para oxigenarse adecuadamente. Esta cirugía es crucial para mantener la circulación sanguínea y la oxigenación del cuerpo. La segunda etapa es la Glenn y generalmente se realiza cuando el bebé tiene entre cuatro y seis meses de edad. Durante esta cirugía, se conecta la vena cava superior directamente a la arteria pulmonar. Esto ayuda a mejorar aún más el flujo sanguíneo hacia los pulmones y reduce la carga de trabajo del corazón. Y la tercera y última, la Fontan, generalmente se realiza cuando el bebé tiene entre dos y cuatro años de edad. Durante esta cirugía, se conecta la vena cava inferior directamente a la arteria pulmonar, completando así la separación de la circulación de la sangre oxigenada y desoxigenada en el corazón. Esto permite que la sangre desoxigenada fluya directamente hacia los pulmones, eliminando la necesidad de que el corazón la bombee. Estas tres etapas de la cirugía de HLHS serán fundamentales ya que proporcionan una circulación sanguínea adecuada y su bebé tendrá una mejor calidad de vida. Además, están en el mejor lugar, tenemos un equipo de cardiólogos excelente. Su bebé estará en las mejores manos.

Yo estaba súper agradecida con el doctor por su trato tan excelente y por su profesionalismo. Ya que terminó de explicarnos, me quedé asombrada pues verdaderamente era una situación muy grave, al mismo tiempo le daba gracias a Dios de estar en el lugar perfecto como me dijo él. Me sentía más tranquila al saber una vez más que había un rayo de luz de esperanza.

Luego nos dio instrucciones para seguimiento y programar la fecha para inducir el parto. Me explicó que habría que hacer una serie de análisis clínicos y que tendría que regresar el lunes. Así que nuevamente agradecida por toda la valiosa información, sus consejos, y su apoyo nos despedimos del doctor.

El lunes, regresé a la clínica para que me hicieran los análisis indicados. La enfermera me explicó que existía una conexión entre cardiopatías y el síndrome de Down. Dijo que mientras aproximadamente el 50 por ciento de los bebés con síndrome de Down tienen cardiopatía, solo alrededor del diez por ciento de los bebés con cardiopatía tienen síndrome de Down. Por lo que uno de los exámenes consistía en descartar esa posibilidad.

Este exámen se realiza tomando una muestra del líquido amniótico que rodea al bebé, ya que contiene células del bebé que pueden analizarse. A este procedimiento se le llama Amniocentesis.

Esta información nuevamente fue una sorpresa para mí; aunque cada situación era un reto que me servía para fortalecer mi fe y aferrarme a ella. Sin embargo, no pude contener las lágrimas. Entonces dentro de mí, hablé con mi Padre Dios y le pedí con toda mi alma y sobre todas las cosas: "Padre Dios, te suplico que mi bebé no tenga síndrome de Down. Permite que los resultados salgan negativos". Y se me rodaban las lágrimas. No podía dejar de llorar. "Señor, Padre mío, lo dejo en tus manos. Tú tienes la última palabra".

La enfermera, preocupada y conmovida, me dió un pañuelo y trató de consolarme. Después continuó con la explicación de los demás análisis que se hacen de rutina. Me reconfortaba que me explicaran detalladamente cada procedimiento, ya que así estaba al tanto de todo lo que ocurría tanto conmigo como con el bebé. Al finalizar, antes de salir, la enfermera me dio una tarjeta y me dijo —Si gustas hablar mañana a este teléfono para que te den los resultados.

Entonces llamé a Buddy para que viniera por mí, y mientras lo esperaba, me senté en una banca afuera del hospital. Observaba a tantas personas que iban y venían, todas con diferentes problemas de salud, llegando al lugar de la esperanza. Gente proveniente de diferentes partes del mundo. Fueron momentos de reflexión y agradecimiento. Le di gracias a Dios por ser una de esas personas, por habernos dado la oportunidad de estar ahí también, en el Hospital Johns Hopkins. Era un lugar donde la tecnología estaba a la vanguardia, donde la atención, la comprensión, el compromiso, la amabilidad, el profesionalismo, el conocimiento, el amor, la inteligencia y la eminencia hacían de ese hospital el mejor del mundo.

Volviendo mi mirada al cielo, le dije a mi Padre Dios: "Dame fuerza, Señor, y fortalece mi fe". Esta frase se convirtió en mi nuevo lema, que repetiría constantemente. Sabía que tenía que ser fuerte también por mis hijas, que aún eran tan pequeñas y no comprendían muchas cosas de la vida todavía. Tenía que ser fuerte para darles confianza y seguridad. No podía decaer. Mi misión y mi responsabilidad era hacerles la vida feliz y esperar a que llegara el bebé para cuidarlo, ayudarlo a salir adelante y darle todo el amor del mundo. Yo era responsable de fortalecer la fe en ellas. Tenía que hacerlas fuertes, ser optimistas, actuar y pensar positivamente.

¿Y mi pequeño bebé? El todavía estaba ahí dentro de mi acurrucadito y feliz. No sabía nada. Ni siquiera imaginaba todo lo que tendría que pasar para estar bien. No podría estar en los brazos de mamá ni de papá cuando naciera, y sus hermanitas tampoco podrían cargarlo, abrazarlo ni ponerle su ropita. No sabíamos qué iba a pasar. Solo nos quedaba lo más importante: seguir fortaleciendo nuestra fe, ya que era lo único que nos ayudaría a afrontar lo que viniera. Pues además de nosotros estaba nuestra adorada familia que aguardaba ansiosa su nacimiento y unidos en un solo corazón todos estábamos en oración. *Todo iba a estar bien.*

Capítulo 7

Grutas de Saint Mary: Milagros y Gratitud

Cuando regresamos a la casa de la señora Lillian, estábamos platicando sobre lo que me habían dicho en el hospital y los nuevos desafíos que vendrían con los resultados de los análisis. Hasta ese momento, todo era incierto. Estaba de visita Tino, un amigo de Tina la hermana de Denny, y hablando sobre la fe en Dios y los milagros de la vida, nos platicó sobre un lugar santo donde a mucha gente se le habían hecho milagros. Se trataba de las Grutas de la Universidad de Saint Mary.

—Si gustan, los puedo llevar mañana —dijo Tino muy amablemente—. Queda a una hora de aquí. —¡Sí, sí! ¡Vamos! Me encantaría ir. ¡Muchas gracias! —respondí emocionada. Las niñas escucharon y dijo Jessica —¡Yo también quiero ir, mami! —Claro mi amor, vamos a ir todos —le respondí. Jaclyn estaba jugando y aunque era tan chiquita era muy lista y siempre estaba pendiente de lo que estaba pasando a su alrededor, así que por ahí salió su vocecita —¡Yo también quiero ir, mami! —Por supuesto que tú también irás —le respondí. —Todos los que quieran y puedan ir —dijo Tino sonriente. Y luego Buddy dijo —Si van todos, yo también voy. —Así que todos nos apuntamos para el viaje a las grutas. Tino muy entusiasmado quedó de recogernos a las nueve de la mañana.

Al día siguiente, Buddy y yo preparamos una hielera con jugos y algunas frutas para el camino. Ese día, Jessica Lizeth y Jaclyn Elizabeth se levantaron muy temprano con la ilusión del paseo.

Tino muy formalmente nos recogió a las 9 de la mañana como habíamos quedado. Así que rápidamente pusimos la hielera en la cajuela ya que todos estábamos ansiosos por irnos.

Cuando llegamos a las grutas de Saint Mary, cual va siendo mi sorpresa que justamente a la entrada había una imagen hermosa de la Virgen de Guadalupe. Así que ahí, con toda mi fe, le pedí a la Virgen de Guadalupe que me hiciera un milagro—que mi bebé naciera lo más sano posible y que se recuperara bien de sus cirugías. Consciente de su condición, me encontré rezando por cada aspecto de su salud, incluyendo los resultados pendientes del síndrome de Down. En mi ansiedad y amor, pedí fuerza para enfrentar cualquier desafío que nos esperara.

Luego nos tomamos algunas fotos y entramos. Recorrimos las grutas y tomamos más fotos. Un lugar precioso. Me la pasé rezando todo el tiempo.

Cuando regresamos a la casa, me acordé que tenía que haber llamado en la mañana para que me dieran los resultados, pero como ya era tarde, y además tenía un poco de temor de saber, preferí esperar. Así que esperé. Y pensé: "mañana llamo".

Como no llamé, ese mismo día, como a las siete de la noche, sonó el teléfono. Inmediatamente lo contesté y escuché la voz de una señorita que me dijo —Hablo del Johns Hopkins, ¿se encuentra la señora Biedronski?

Me puse muy nerviosa y sentía que me temblaba la mano al detener la bocina. Sentí un sudor frío esperando escuchar más, pero fuera lo que fuera, lo tenía que afrontar.

—Ella habla —dije, al mismo tiempo que pensaba: "Virgen Santísima de Guadalupe, por favor, que sean buenas noticias". Me sentía con la boca seca y con el corazón paralizado. No quería escuchar, pero a la vez tenía que saber. Me temblaban las piernas. Estaba muy nerviosa pero fuera lo que fuera tenía que afrontar la realidad.

¿Dónde estaba mi fe? ¿Dónde estaba mi frase? A veces se debilitaba y ahí es donde mi frase venía a mi mente y a mi corazón. *Dame fuerza señor y fortalece mi fe.*

El torbellino de mis pensamientos fue interrumpido cuando la escuché decir —Buenas tardes, señora Biedronski, le estoy llamando para darle los resultados del estudio que hicimos ayer. Tenemos buenas noticias —me dijo—. Los resultados salieron negativos, su bebé no tiene síndrome de Down. —No pude evitar que se me salieran las lágrimas, lágrimas de agradecimiento a Dios, a la Virgen, a la vida. —¡Muchas gracias! —le contesté—. Gracias por hablarme.

No podía dejar de llorar de gusto y de agradecimiento. Mis oraciones habían sido escuchadas. Aunque sabía que aún enfrentaríamos desafíos con la condición cardíaca de mi bebé, sentí una ola de alivio que me envolvía. Esta noticia me dio esperanza y fuerza para el camino que teníamos por delante.

¡Gracias, Dios mío! Una sensación de paz se asentaba en mi corazón. Una vez más sentí esa fuerza espiritual en mí misma y una voz interior que me decía: "Nunca pierdas la fe". En eso entraron Jessica Lizeth y Jaclyn Elizabeth que estaban jugando en el patio y al verlas sentí una gran emoción. Las abracé y les dije —¿Quieren rezarle una oración a la Virgen por su hermanito? —¡Sí, mami! —respondieron, llenas de emoción. Así que nos pusimos a rezar y a dar gracias.

Cuando Buddy entró, le dije entre lágrimas de alegría, que los resultados de la prueba habían salido negativos. Entonces dijo con emoción y con una sonrisa de satisfacción —Esa visita a las grutas algo tuvo que ver. —¡Sin duda alguna! —le respondí. Mientras preparaba a las niñas para dormir, sonreí, *el día había terminado con una gran bendición.*

Capítulo 8

Emociones Previas al Gran Momento

Faltaba una semana para el nacimiento del bebé cuando, de repente, recibí una llamada. Era mi hermana Mary Carmen. —¿Qué crees? ¡Voy a ir a Baltimore al nacimiento del bebé! —Al escuchar sus palabras, me inundó una gran emoción. Saber que estaría conmigo en ese momento tan especial hizo que se me salieran las lágrimas de alegría.

—¡Qué emoción! —exclamé con entusiasmo—. ¿Y cuándo llegas? —La emoción se desbordaba en mis palabras, esperando ansiosa su respuesta. —El día 14 de enero. ¡Ya tengo mi boleto! —Su seguridad y amor me llenaron de gratitud. —Si Dios quiere, estaré contigo para ayudarte en todo lo que necesites —dijo con gran emoción y con una ternura que conmovió mi corazón.

Ella sabía que ese día tendría que internarme en el hospital y me dio la sorpresa de que venía. Las niñas se pusieron felices. —¿Mi tía Mary Carmen viene? —preguntaron entusiasmadas. —¡Sí! —les dije con una sonrisa—. Llega en una semana, si Dios quiere. —¿Y mi papá? —preguntó Jessica Lizeth—. ¿Cuándo llega? —Está por llegar —le contesté.

Efectivamente, Denny me había avisado que llegaría el día catorce también. Había una mezcla de nerviosismo y emoción. Se inundó mi cabeza en un mar de pensamientos. "Como me hubiera gustado que mi mamá estuviera conmigo en esos momentos tan importantes de mi vida", pensé. Solo mi Padre Dios sabe cuánto la necesitaba. ¡La extrañaba tanto! Me acordé de cuando nacieron Jessica Lizeth y Jaclyn Elizabeth, cuánto me ayudó en todo momento. Mi preciosa mamá fue el ángel que se encargó de mí desde antes de nacer, que me vio crecer y me dio consejos durante toda una vida, que me dio todo y estaba ahí siempre en cada momento de mi vida y esta vez no le fue posible acompañarme. ¡La necesitaba tanto! Sin embargo, su apoyo moral era invaluable. Sabía que con su alma y corazón de cualquier manera estaba conmigo y que en cuanto le fuera posible vendría nuevamente.

De igual manera, mis hermanas María Esther, Magda y Lucía, con el alma, hubieran querido estar conmigo en esos momentos tan difíciles. Sin embargo, cada vez que hablábamos por teléfono, sus palabras me llenaban de esperanza, optimismo y alegría. Por otra parte, mis hermanos Rafael y Salvador, también preocupados por la situación, trataban de darme todo el ánimo posible.

Toda la familia estaba en constante oración y eso para mi era muy alentador.

Con su gran amor, fe y preocupación sentía que aunque estuviéramos lejos y no pudieran estar conmigo, estábamos unidos siempre en la oración y unidos en un solo corazón.

Durante esa semana estuve organizando y preparándome para el gran día que estaba por llegar. Estaba super emocionada de conocer a mi bebé y decirle cuánto lo amaba. Pero también sentía una mezcla de temor y esperanza por su salud. Jessica Lizeth y Jaclyn Elizabeth también estaban preparadas. Les hablé de que un par de días estaría en el hospital, pero que ellas estarían bien.

Finalmente, llegó el día tan esperado. Denny llegaría ese mismo día por la noche y planeamos encontrarnos en el hospital. Las niñas y yo estábamos listas, esperando que llegara Buddy de trabajar para ir a recoger a su tía Mary Carmen a la casa de su amiga Cristi.

Cuando llegamos a la casa de Cristi, Mary Carmen salió corriendo a encontrarnos. Nos abrazamos y lloramos de emoción. Cristi también salió corriendo emocionada para saludarnos. Pues yo había sido maestra de su hija cuando estaba en preescolar y hacía varios años que no nos habíamos vuelto a ver. Nos alegró mucho volver a encontrarnos después de tanto tiempo. Nos invitó a pasar unos minutos a su casa, y Mary Carmen aprovechó para darme un regalito para el bebé que mi mamá me había mandado con ella. Jessica y Jaclyn, muy entusiasmadas me ayudaron a abrirlo. Las niñas estaban ansiosas por ver qué era. —¡Qué bonito! —exclamaron las dos. Era un overol de pantaloncito y suéter de franjas blancas con azul verde. Perfecto para el frío de

Baltimore. Me acuerdo como si fuera ayer, pues yo también me emocioné mucho al verlo.

Después, pasamos a comer a un restaurante antes de irnos al hospital. Eran ya alrededor de las siete de la noche y nos fuimos a la casa de Conchita, una excelente amiga de varios años, muy linda persona, siempre muy amable y servicial. Conchita vivía en "Fells Point" una área muy bonita en el centro de Baltimore muy cerca del Johns Hopkins. Ella sería quien me ayudaría a cuidar a las niñas esa noche, ya que al día siguiente Mary Carmen se encargaría de cuidarlas. Cuando llegamos, Conchita ya nos estaba esperando. También es una persona con una gran fe en Dios y muy servicial.. Muy linda, les tenía unos libros de colorear y un regalito a cada una de las niñas. Nos ofreció pasar, pero ya nos teníamos que ir.

De modo que solo entramos unos minutos para que las niñas se sintieran cómodas. Luego, con un nudo en la garganta tratando de controlar mi emoción, les dije —Todo va a salir bien. Les prometo que solo es una noche que no estaré con ustedes. —Nos despedimos con un abrazo, un beso y una sonrisa. Con el dolor de mi corazón, las tenía que dejar. Pero las dejaba en buenas manos. La hora del gran acontecimiento había llegado.

El Hospital Johns Hopkins estaba a diez minutos de la casa de Conchita, así que me despedí también de ella, no sin antes darle las gracias. Llegamos al hospital alrededor de las nueve de la noche. Buddy se fue a recoger a su mamá, la señora Lillian, porque también quería acompañarme. Al llegar al hospital, una señorita muy amablemente nos recibió. Nos pasó a la habitación y me explicó cuál sería el procedimiento tanto de la inducción como del plan de acción que se tenía después de que naciera el bebé. —El procedimiento de inducción del parto puede tener riesgos, ya que el bebé puede experimentar estrés fetal. Vamos a hacer todo lo mejor posible y en forma lenta durante la noche para que los riesgos sean menores —me dijo la enfermera. Eso me puso un poco nerviosa, pero solo era ponerme en manos de Dios. Entonces me dio un formato para que firmara la autorización de la inducción.

Luego continuó —El cirujano que atenderá la cirugía de tu bebé es el doctor Mark Redmond. ¡Es un excelente cirujano! —Nos dejó la orden de iniciar el proceso de inducción a las once de la noche calculando que el bebé nazca en las primeras horas de la mañana, ya que la cirugía de Norwood es un procedimiento complejo que se realiza en varios pasos y puede durar varias horas. —¡Muchas gracias! —le dije.

Y mientras salía la enfermera de la habitación, mi mente y mi corazón estaban llenos de emociones encontradas. Sentía una inmensa alegría de saber que faltaban solo unas horas para el gran acontecimiento, pero a la vez, me inundaba la tristeza de pensar por todo lo que mi bebé tenía que pasar para sobrevivir, estando tan chiquitito. Que no lo podría cargar y arrullar y llenarlo de besos y decirle cuánto lo amaba. Mary Carmen pareciera que adivinaba mi pensamiento porque me dijo —No te preocupes. Mi Padre Dios nos va a hacer el milagro y el bebé pronto va a estar bien. —¡Sí! —le dije—, ¡tienes razón! —En silencio, le pedía a Dios darme tranquilidad, paz y mucha fe.

Mientras tanto, esperaba ansiosamente la llegada de Denny. Sin embargo, el destino tenía otros planes. Denny me llamó para informarme que su vuelo se había retrasado y no llegaría a tiempo para el nacimiento. La noticia me dejó el corazón hundido. Ambos sentimos una profunda tristeza, sabiendo cuánto anhelaba él estar presente en los primeros momentos de su hijo. A pesar de la decepción, traté de concentrarme en el apoyo que tenía a mi alrededor. Buddy y su mamá llegaron al hospital; la presencia de la señora Lillian era un recordatorio reconfortante de que ella también quería estar ahí para mí. Como se estaba haciendo tarde, Buddy se fue y las tres —Mary Carmen, la señora Lill y yo— nos pusimos a platicar. Sin darnos cuenta, ya casi eran las once.

Con ansiedad, veía el reloj constantemente, y ¡de pronto!, justamente unos minutos antes de las once sentí la primera contracción y con una mezcla de emoción y nerviosismo, les dije —¡Qué creen! ¡Ya me empezaron las contracciones! —¿Cómo? ¡Qué bueno! —Mary Carmen dijo con emoción. Y la mamá de

Denny siempre tan bromista, hacía caras muy chistosas que me hacían reír. Se puso un poco nerviosa, y se persignaba pero trataba de mantener la calma. —¡Hay que avisarle a la enfermera! —me dijo. —No se preocupe, apenas están empezando —le dije sonriendo y tranquilamente. Yo sabía que la llegada de las contracciones cambiaría los planes, pero la confianza en que todo saldría bien era palpable en cada palabra pues Mary Carmen y la señora Lillian eran un apoyo invaluable, irradiando calma y fe en medio de la incertidumbre.

Justamente eran las once cuando entró la enfermera que venía ya preparada con los medicamentos para iniciar el proceso de la inducción. Entonces, le dije —¡Ya me empezaron las contracciones! —¡Excelente! ¡Qué bueno! —me respondió—. Eso es una muy buena noticia. Tengo que avisarle al doctor. —Cuando regresó, me dijo —¡Cambiaron los planes! El doctor Redmond dice que hay que dejar que pase el proceso natural ya que si se hace la inducción nacería a media noche. Así que te vamos a estar monitoreando y cuando ya estés muy cerca te pondremos la epidural. —Así que me conectaron a un aparato para estar monitoreando las contracciones.

La intensidad de las contracciones era solo un preludio de lo que estaba por venir, pero incluso en medio del dolor, había una sensación de fuerza interior que me daba tranquilidad.

A las seis de la mañana las contracciones estaban ya muy cerca una de la otra y un poco fuertes. Entonces pedí la anestesia porque sentía que no iba a aguantar el dolor. Llegó la enfermera con el anestesiólogo, el tiempo transcurría y cada vez estaban más cerca una de la otra.

Me dieron las instrucciones, que me sentara a la orilla de la cama y me doblara un poco hacia el frente. Entonces cuando ya me iban a poner la anestesia me dijeron —¿Lista? —¡Sí! —pero en ese momento, me dio una contracción más fuerte. Luego me decían —Dinos cuando pase. —¡Muy bien! ¡Ya! —y cuando ya me la iban a poner, ¡otra contracción! Y así lo intentaron varias veces, pero las contracciones continuaban cada vez más fuertes y más cerca una de la otra. De pronto, sentí una contracción fuertísima y pareciera como si el bebé se me hubiera caído dentro de mí misma y grité —¡Ya va a nacer! ¡Ya va a nacer! ¡Ya no me la pongan!

Mary carmen y la señora Lill estaban con sus caras de preocupación sin poder hacer nada por mí más que ponerse en oración para que todo saliera bien. Eran las contracciones tan fuertes que sentía que me moría.

Pronto el doctor y la enfermera me ayudaron a acomodarme en la cama y rápidamente me llevaron en la camilla a la sala de expulsión. Entre el dolor, mis gritos y el llanto, solo veía mucha gente a mi alrededor y mucha luz.

Mary Carmen y yo habíamos planeado que tomaríamos video del nacimiento, pero por la caótica situación no lo vimos prudente. Así que solo le hice una señal que no lo hiciera. Pero de cualquier manera ahí estuvieron las dos cerca de mí para acompañarme.

La sala estaba llena de doctores y enfermeras. Parecía que habíamos llegado al cielo y que muchos ángeles vestidos de blanco estaban esperando la llegada de mi bebé.

De repente, se escuchó un dulce llanto ¡Era mi hijo que acababa de nacer! En ese momento se llenó la habitación de una nueva energía, un recordatorio de la belleza y la fragilidad de la vida. En medio de las lágrimas de alegría y emoción, surgió un compromiso de amor y protección hacia mi pequeño guerrero que estaba listo para enfrentar cualquier desafío que se le presentara en su camino. ¡Listo para luchar por su propia vida!

En ese momento, solo me lo pusieron por segundos en mi pecho, con lágrimas de emoción de verlo tan hermoso, tan indefenso y tan frágil, le acaricié su cabecita y le dije —Te adoro mi niño hermoso. ¡Sé fuerte! ¡Sé valiente! ¡Tú puedes! ¡Mi Padre Dios estará contigo en todo momento!

—¿Cuál será su nombre? —me preguntó una enfermera.

—Denny Michael —le contesté. En ese instante, el nombre elegido adquirió un significado aún más profundo: una declaración de amor y fortaleza que lo acompañaría en cada paso de su viaje por la vida. Y aunque el camino pudiera ser difícil, este nombre ahora simbolizaba nuestra fe en la presencia y el cuidado de Dios, un faro de luz que lo guiaría en cada paso del camino.

Con lágrimas en los ojos vi que lo llevaron rápidamente en una camilla a prepararlo para su primera cirugía. Entonces cerré los ojos y hablé con mi Padre Dios:

"Padre Santísimo ¡En tus manos está la vida de mi bebé! ¡Sé que me trajiste aquí para salvarlo! Tengo confianza en ti Señor, y se que nos harás el milagro de que sobreviva y que llegará el momento en que lo podamos cargar y

abrazar, verlo sonreír y decirle cuanto lo amamos. Danos

fuerza, Señor, y fortalece nuestra fe".

Ese momento, lleno de esperanza y amor incondicional, marcó el comienzo de una nueva aventura, una historia de valentía y determinación que estaba destinada a inspirar a todos los que tuvieron el privilegio de presenciarla.

Capítulo 9

Unidos en Oración: En Espera del Milagro

Las primeras horas de vida de Denny Michael fueron críticas. Una vez que nació, se lo llevaron a la sala de cuneros con bebés de alto riesgo. Ahí lo canalizaron y lo prepararon para su primera cirugía. Después de que nació, me llevaron a mi habitación. Habían pasado alrededor de dos horas y la enfermera muy amable me preguntó si quería ir a ver a mi bebé antes de que lo operaran. Por supuesto que le dije que sí. Así que en una silla de ruedas me llevaron hasta donde él estaba. Mi pequeño Denny Michael estaba en una incubadora ya canalizado y listo para su cirugía. Me partía el alma verlo así, no lo podía tocar. Entonces llegó un Doctor muy joven con lentes y se presentó.

—¿Señora Biedronski? —¡Sí, soy yo! —le contesté.

—Hola, soy el doctor Mark Redmond. Seré el cirujano encargado de la primera cirugía de Denny Michael. —Me quedé asombrada por ser tan joven y tener una responsabilidad tan grande. Todo el mundo decía que era una eminencia. Así que mi bebé estaba en las mejores manos.

El doctor me explicó —Acabamos de hacer un estudio al bebé y encontramos una pequeña anomalía que hay que operar antes de hacer la cirugía Norwood. Así que en una hora lo vamos a someter a esa cirugía que es de mucho riesgo, pero no podemos hacer la Norwood sin antes haber arreglado ese problema. El bebé estará monitoreado y con dos enfermeras a su cuidado cien por ciento después de la cirugía.

—¿Y cuánto durará la cirugía? —le pregunté al doctor.

—Aproximadamente de 3 a 6 horas —respondió—. Nuestro equipo médico ha llevado a cabo una evaluación exhaustiva del bebé y ya tenemos el plan quirúrgico que creemos es el más adecuado. El anestesiólogo pediatra es excepcional y él estará al pendiente de que el bebé tenga la anestesia adecuada para mantenerlo inconsciente para que no sienta dolor. Entonces daremos comienzo a la cirugía. Tenemos mucha fe en que va a sobrevivir, y si todo va bien, lo dejaremos unos días en recuperación y en cinco días le haremos la primera fase Norwood. Mientras tanto les recomiendo ir a descansar. Una enfermera les estará informando frecuentemente cómo va todo para que se sientan más tranquilos. Vamos a hacer todo lo que esté en nuestras manos para salvarle la vida a su bebé.

—Muchas gracias, doctor Redmond, estaremos en oración. —Se despidió el doctor.

Mientras tanto, yo me quedé ahí con mi bebé hablándole en silencio a través de la incubadora.

—Denny Michael, mi niño hermoso, no sabes cuanto siento que esto te esté pasando. Quiero que sepas que te adoro con todo mi corazón. Aquí estamos todos cerquita de ti pidiéndole a mi Padre Dios que te haga fuerte y que todo salga bien. Tienes que conocer a papá y a tus hermanitas que están ansiosas por venir a verte. Tienes que ponerte bien para que conozcas a tu tío Buddy, a tu tía Mary Carmen y a tu abuelita Lill que están allá afuera rezando por ti. Toda nuestra familia en México está esperando conocerte. ¡Ellos también están rezando por ti! Mi Padre Dios nos trajo aquí donde están los mejores doctores que curarán tu corazoncito. Te prometo que vas a estar bien.

En eso llegaron por él para llevarlo al quirófano y yo me quedé con lágrimas en los ojos viendo que se lo llevaban. Cerré los ojos y en silencio dije una vez más: "Dame fuerza, Señor, y fortalece mi fe. La vida de mi bebé está en tus manos".

La enfermera me regresó a la habitación donde Mary Carmen y la señora Lill me estaban esperando. —¿Qué creen? —les dije—. ¡El bebé ya está en el quirófano! —Así que les platiqué lo que el Doctor Redmond me había dicho, incluyendo su recomendación de usar este tiempo para descansar. La señora Lill, que no se había ausentado desde que llegamos la noche anterior, decidió regresar a su casa a descansar un rato. Quedamos de avisarle en cuanto tuviéramos noticias.

—¿Cómo ves? —me dijo Mary Carmen—, nosotras también deberíamos aprovechar y descansar un ratito. ¿Te parece? —Sí —le dije—, Buddy quedó de llevar a su mamá a su casa y a las cuatro va a recoger a las niñas para traerlas al hospital a pasar la tarde con nosotras. Denny también está por llegar. Gracias a Dios salió su vuelo en la mañana y me dijo que en cuanto llegue tomará un taxi al hospital. —¡Excelente! —me dijo Mary Carmen.

Así que más o menos descansamos. Aunque no mucho, pues la enfermera entraba constantemente a checar que yo estuviera bien y además a informarme sobre el estado del bebé. Eran casi las cinco de la tarde cuando gracias a Dios llegó Denny. Nos abrazamos y lloramos. Había muchos sentimientos encontrados. Me sentí muy feliz de tener su apoyo además de que él también estaba ansioso de estar con su hijo.

Justamente acababa de llegar cuando el Doctor Redmond entró a la habitación para informarnos cómo había salido la cirugía y sobre el estado del bebé. —¡Todo salió bien! —dijo—. El bebé ha sido trasladado a la unidad de cuidados intensivos pediátricos para su recuperación, donde será monitoreado de cerca por el equipo médico. Ahora solo hay que esperar. Si pasan doce horas y todo está bien, lo logramos —me dijo—. Así que mantente en oración. —Y sonriente me dijo—: "Keep your fingers crossed". En México diríamos "Haz changuitos".

Me parecía increíble la atención tan excelente. Nosotros estábamos muy agradecidos con mi Padre Dios y además por tanta oración, ya que mi mamá había organizado cadenas de oración y veíamos las bendiciones por todos lados. Se fue el doctor y en eso llegó Buddy con las niñas. Estaban emocionadas de vernos y corrieron a abrazarnos. Finalmente, nuestra pequeña familia estaba completa.

Esa tarde, mientras Denny y su hermano platicaban, Jessica Lizeth, Jaclyn Elizabeth, Mary Carmen y yo nos pusimos a rezar el Rosario y nos la pasamos en constante oración. Esa noche también hablé con mis hermanas Maria Esther, Lucía y Magda, todas me animaban y me daban mucha esperanza. Sobre todo Magda, como también era enfermera me decía: —No te preocupes. Los bebés son más fuertes de lo que imaginas. Él va a estar bien. Ten mucha fe. —Ellas también se sentían muy tristes de que estuviéramos tan lejos y no poder acompañarnos. Mi mamá me ofreció un nuevo aliento con palabras de apoyo y motivación. El reloj marcaba las horas y, en cada momento que pasaba, dirigía mi mirada al cielo, rogando a mi Padre Dios que fortaleciera a Denny Michael para que pudiera sobrevivir. Los minutos parecían pasar lentamente.

Finalmente, al pasar las doce horas, un suspiro colectivo de alivio llenó la habitación cuando el doctor Redmond regresó con noticias esperanzadoras. —El bebé sigue estable, eso es muy buena señal —anunció con una sonrisa reconfortante—. El bebé continuará en la unidad de cuidados intensivos pediátricos y seguirá recibiendo toda la atención necesaria para su recuperación, que será crucial para la siguiente cirugía. —¡Gracias, Dios mío! ¡Muchas gracias, doctor! —El doctor, muy contento, dijo— Un pequeño paso, pero un gran triunfo en la lucha por su vida. —Sabiendo que por el momento el bebé estaba fuera de peligro, Mary Carmen y las niñas se fueron con Buddy a la casa para descansar. Denny se quedó en el hospital a acompañarme, pues yo todavía no estaba dada de alta.

Al día siguiente, Denny Michael seguía estable gracias a Dios. Las niñas se morían de ganas de conocerlo.

—Mami, ¿cuándo vamos a conocer a mi hermanito? —me preguntó Jessica Lizeth. —¡Yo también lo quiero ver! —dijo Jaclyn Elizabth. Así que hablé con el Doctor para ver la posibilidad de que las dejaran entrar y me dijeron que sí. Denny, Buddy y Mary Carmen tampoco lo habían conocido todavía y fue una oportunidad para que entraran conmigo. Solo que había una preparación previa para las niñas para que pasaran.

Una vez en la sala de visitas del séptimo piso, llegó una señora muy amable con una caja con muñecos de tela y materiales de curación y se presentó con nosotros. —¡Hola! Soy Miss Joy —y muy amablemente dirigiéndose a las niñas, les preguntó sus nombres—. ¿Cómo te llamas? —Yo soy Jessica. —¿Y tú? —Yo soy Jaclyn. —Respondieron las dos cortésmente. A cada una les dio un muñeco para que lo curaran de su corazón. Así que empezó a jugar con ellas, que eran las doctoras y curaban a los bebés. El objetivo era prepararlas para que no fuera tan impactante ver a su hermanito lleno de catéteres y vendajes. Después de media hora, llegó la enfermera y nos dejó pasar. Jessica Lizeth y Jaclyn Elizabeth entraron súper emocionadas. Fueron momentos muy emotivos, al ver a nuestro bebé ahí tan indefenso en la lucha por la vida. Las niñas le acariciaban sus bracitos y le decían cuánto lo querían.

A partir de ese momento, Miss Joy se encargó de llevarles juguetes y de jugar con ellas todo el tiempo que estuvimos en el hospital. Era una persona increíble, llena de alegría y optimismo. Siempre traía algo diferente para entretenerlas y que no se cansaran tanto de estar en el hospital. Algunas veces me decía: —Tengo una hora libre, ve con el bebé yo las cuido. —Las niñas estaban encantadas con Miss Joy, pues realmente su nombre la representaba. Era verdaderamente otro ángel.

La presencia de Mary Carmen durante esos momentos difíciles fue invaluable. Ella siempre con un afán de dar y servir. Así que estaba dispuesta a ayudarme en lo que se necesitara. Disfrutaba mucho de cuidar a sus sobrinas, y cuando estábamos en el hospital nos turnábamos para estar ratitos con Denny Michael y a la vez atenderlas a ellas.

Pasaron un par de días más y me dieron de alta. La ilusión más grande de una madre que da a luz es salir con su bebé en los brazos, pero esta vez era diferente. Tenía que irme y dejar a mi bebé en el hospital, no tenía otra alternativa. Cuando salimos del hospital, mientras el coche se alejaba, con lágrimas en los ojos, mi mirada se fue hacia al edificio donde estaba mi bebé. En la unidad de cuidados intensivos con varios bebés que al igual que él estaban luchando por la vida. Lo que me consolaba era que estaba rodeado de amor y de una atención excelente en el hospital. Sin lugar a dudas, Mi Padre Dios estaba a su lado. Y un pensamiento se me vino a la mente: *mientras hay vida, hay esperanza.*

Capítulo 10

La Casa de Ronald McDonald

Un día antes de que me dieran de alta, llegó una trabajadora social. —¿Puedo hablar contigo? —preguntó. —Por supuesto —le contesté. —Soy Miss Linda, tengo que hablarte sobre varios apoyos importantes que el hospital ofrece para los pacientes que vienen de fuera o que viven lejos. Cuando puedas, ve a mi oficina para darte toda la información y que llenes unos papeles para que se haga el proceso lo más pronto posible. —Me dio su tarjeta y me dijo—: Estaré ahí hasta las cinco. —¡Muchas gracias! —le respondí, tomando la tarjeta.

Así que más tarde llegué a su oficina como me había indicado. Muy amablemente nos saludó. —Tenemos un apoyo increíble que es el de la casa de Ronald McDonald. —¿Ah sí? ¿De qué se trata? —le pregunté. —La Casa Ronald McDonald es una organización que ofrece un entorno de apoyo integral para las familias que tienen algún niño enfermo, brindándoles alojamiento, alimentación, apoyo emocional y otros servicios para ayudarles durante un momento difícil. —¡Ah, qué bien! —dije—. ¿Y dónde está? —Está a cinco minutos del hospital, tenemos el servicio de transporte las veinticuatro horas del día. Solamente tienes que anotar la hora en la que necesitas ir y regresar y cuántas personas van.

—¡Súper bien! —contesté—. Muchas gracias. ¿Qué necesito hacer para tener ese apoyo? —Solo llenar estos papeles y una persona te llevará a la casa de Ronald McDonald para que te den un tour y conozcas también al personal encargado. Tienen su propia habitación con baño. Cada piso cuenta con lavadoras y secadoras de ropa incluyendo el detergente. Las cocinas son múltiples en cada piso pero cada familia tiene su propio espacio con su nombre para tener su despensa tanto en los gabinetes como en el refrigerador. Los precios son muy accesibles dependiendo de la situación de cada familia. La responsabilidad de cada familia es mantener sus habitaciones limpias y la cocina y el comedor. Cada familia es responsable de limpiar y poner los trastes en la lavadora después de cocinar y comer. —¡Excelente! ¡Qué bueno! Eso nos ayudará muchísimo para poder estar más cerca del bebé.

Ese mismo día se arregló todo. Así que fue una gran bendición. El tiempo que estuvimos ahí fue increíble. Las familias teníamos todos los servicios necesarios, entretenimiento y juegos para los niños y muchas atenciones. A menudo, había organizaciones que los sábados y domingos iban a cocinar para todas las familias para facilitarnos la vida y darnos más tiempo para dedicarles a nuestros hijos.

Capítulo 11

Momentos de Angustia y Triunfo

Era domingo diecinueve de enero, habían pasado ya cuatro días del nacimiento de Denny Michael y gracias a Dios continuaba en recuperación de la primera cirugía. Su estado se mantenía estable. Un rayo de esperanza comenzaba a brillar. Estábamos en la sala de espera Buddy, Denny, Mary Carmen, las niñas y yo, ya que nos turnábamos para estar con el bebé, y para cuidar a las niñas. De pronto vimos que venía el Doctor Redmond y se dirigió hacia nosotros. —Tengo buenas noticias —nos dijo—, Denny Michael respondió de manera excepcional. ¡Estamos listos! —Muy amablemente nos explicó cuál sería el paso a seguir—. Necesitamos que nos firmen la autorización para proceder mañana por la mañana con la cirugía de Norwood. Empezaremos a las seis y media ya que es una cirugía que puede llevar varias horas. Una persona del equipo médico les estará informando cómo va todo para que estén al pendiente.

—¡Muchas gracias doctor! —le contesté.

Aunque ya se nos había explicado el procedimiento de cada cirugía, el doctor enfatizó la importancia de repasar los detalles antes de firmar la autorización. Asentí con gratitud, consciente de la responsabilidad que esto implicaba, pero era la vida de nuestro bebé que estaba en juego y teníamos que confiar en el doctor Redmond, en el equipo médico y sobre todo en Dios, pues la vida de mi hijo estaba en sus manos.

Luego, el doctor continuó explicándonos: —La operación de Norwood es un procedimiento quirúrgico complejo utilizado para tratar la hipoplasia del corazón izquierdo. Esta intervención tomará aproximadamente cuatro a seis horas. Si todo sale bien y no se presenta ninguna complicación no creo que dure más. De cualquier manera uno de los integrantes de nuestro equipo estará encargado de informarlos constantemente. —¡Muchas gracias doctor! —le respondí.

Regresamos a la casa Ronald McDonald y me apunté en el transporte para que nos recogiera temprano en la mañana para llegar al hospital antes de la operación. A las cinco y media de la mañana estábamos listos para irnos al hospital. Mary Carmen se quedó con las niñas y más tarde se irían al hospital también.

Al llegar, Denny y yo fuimos directamente a la unidad de cuidados intensivos donde estaba nuestro precioso niño. Cada vez que llegábamos, las enfermeras nos recibían con una caja de pañuelos, conscientes de lo emocionalmente difíciles que eran aquellos momentos para nosotros. Sin embargo, entre lágrimas y palabras de aliento, encontrábamos la fuerza necesaria para enfrentar la situación.

Acariciando su cabecita frágil, le hablé con amor y determinación. —¡Eres un campeón! ¡Has superado la primera prueba, mi rey! Mi Padre Dios está contigo, Tienes que ser fuerte mi niño hermoso ¡tú puedes! Queremos verte abrir tus ojitos y verte sonreír —le hablé, depositando en él toda mi fe y amor maternal. Con una bendición y una oración, lo acompañamos hasta la puerta del quirófano, confiando su vida en manos divinas y en la habilidad del equipo médico.

En la sala de espera, rodeados de silenciosa oración, encontramos consuelo en la compañía de Mary Carmen y nuestras dos hermosas hijas. Juntos, nos sumergimos en la espiritualidad, rezando un rosario y pidiendo a la Virgen que velara por Denny Michael. Aunque pequeñas, las niñas participaron con devoción, su fe inocente sirviendo como un faro de esperanza en medio de la oscuridad.

El tiempo parecía que pasaba con lentitud, pero nuestra fe permanecía inquebrantable. Entre oración, cuentos y juegos, encontramos consuelo en la rutina y en la bondad del equipo médico, cuya atención constante y compasión nos reconfortaba en los momentos más difíciles.

Alrededor de la una de la tarde, el doctor salió con buenas noticias. —Todo salió muy bien —anunció, llenándonos de alivio y gratitud. Cada minuto ganado era un paso más hacia la esperanza, y cada palabra de aliento era un recordatorio del poder de la fe tan grande y el amor incondicional. Ese día por la tarde tuvimos la visita del Pastor Ramírez, un amigo de la iglesia que estuvo muy amablemente haciendo oración con nosotros.

Habían pasado algunos días y todo iba muy bien, cuando de pronto, Denny Michael, ¡nos dio el susto de la vida! Sus pulsaciones llegaron a 200 latidos por minuto, se puso muy grave. Extremadamente grave. ¡Las alarmas de los monitores empezaron a sonar! ¡El equipo médico increíble! No se de donde salieron, pero al instante se llenó de doctores y enfermeras para estabilizar la situación que parecía demasiado crítica. Fui prudente, y de inmediato salí para no entorpecer. Aunque de cualquier manera cuando hay algún procedimiento uno se debe salir. Fueron momentos de mucha angustia. Me palpitaba fuertemente el corazón. No podía evitar que se me salieran las lágrimas. Mary

Carmen me alentaba con sus palabras y me abrazaba. Y las niñas tan lindas, tenían una fe increíble. Cuando me veían llorar, Jessica Lizeth me decía, —vamos a rezar mami, yo traigo el rosario. —Jaclyn Elizabeth no tardó en integrarse y empezó a rezar el Ave María.

Pasó aproximadamente una hora para que lo pudieran estabilizar. Durante la cual una enfermera constantemente nos venía a dar palabras de aliento. Finalmente gracias a Dios lo lograron. ¡Fue un triunfo! Los doctores y enfermeras decían que en varios momentos sintieron que la situación tan grave se les iba de las manos, pero Denny Michael se aferró a la vida. Indudablemente ¡Fue un milagro! No había otra explicación.

Capítulo 12

Venciendo Obstáculos: Con Fe Todo es Posible

Había transcurrido ya un mes. Denny estuvo ausente debido a una crisis que lo llevó a estar internado en otro hospital por varias semanas, lo que dificultó su apoyo - una historia para otro momento. La situación se tornó un tanto complicada para mí, ya que a veces tenía que alternar entre hospitales, pero gracias al gran apoyo de mi hermana, las cosas se facilitaban un poco más. Sin embargo, todo tiene su fin. Mi hermana MaryCarmen ya tenía que regresar a México. Jessica Lizeth y Jaclyn Elizabeth se pusieron muy tristes y, con un nudo en el corazón, nos despedimos de ella. Le estaré eternamente agradecida por su gran apoyo. Ya sin tener el apoyo de Mary Carmen, decidimos dejar la casa de Ronald

McDonald y regresar solo los fines de semana, para que Jessica pudiera continuar la escuela.

A Jaclyn Elizabeth también le encontramos una estancia infantil muy bonita donde recibían actividades educativas y también había servicio de guardería. Ahora solo era encontrar la forma de visitar a mi bebé mientras ellas estaban en la escuela. Denny ya había salido del hospital y podría ayudarme un poco también. Buddy descansaba los lunes y me ofreció llevarme, pero el resto de la semana no sabía cómo ir al hospital, ya que Buddy vivía un poco lejos. Necesitábamos encontrar una solución y confiaba en que mi Padre Dios me guiaría. Así que comencé a investigar.

El "Light Rail" era un tren que me llevaba al centro, de ahí tomaría el metro que me dejaría justo en una de las entradas del Johns Hopkins. ¿Cómo llegar al Light

Rail? Esa era la pregunta. Por el momento, el lunes Buddy me llevó y el martes, mientras las niñas estaban en la escuela, como una niña, pasé el día llorando de tristeza por no poder ir a ver a Denny Michael. Aunque no era así, pero ¡Sentía que lo había abandonado! Le pedí a mi Padre Dios con toda mi fe que me pusiera de alguna manera los medios para poder visitarlo aunque fuera un ratito todos los días. Yo sabía que mi presencia y el escucharme era una parte muy importante en su recuperación. Ese día solo pude llamar para saber cómo estaba. Tenía que haber una solución. Así que comencé a investigar.

Tomar un taxi desde la casa hasta el Light Rail era muy caro, así que descarté esa opción. La posibilidad de tomar un autobús público sólo era viable en la Ritchie Highway, pero estaba un poco alejada. Para llegar allí, tendría que caminar alrededor de tres millas, pero por más que lo pensaba, esa parecía ser mi única alternativa. Me tomaría dos horas llegar al hospital, pero eso no importaba. Lo importante era llegar como fuera. Denny se encargaría de Jaclyn Elizabeth y yo llevaría a Jessica Lizeth a la parada del autobús escolar. Una vez que partiera, caminaría hasta la parada del autobús y, a mi regreso, Buddy me recogería en la estación del Light Rail. Mi Padre Dios me iluminó. Era todo un plan.

A la mañana siguiente, Jessica Lizeth y yo estábamos esperando que pasara el autobús escolar cuando vi un coche estacionado. Adentro, una niña con su mamá también esperaban el autobús. Me despedí de Jessica Lizeth y noté que la niña también se despedía de su mamá. Me acerqué al coche y saludé. Muy amablemente, la madre me respondió el saludo. Le pregunté si por casualidad pasaba por la Ritchie Highway y ella me respondió con otra pregunta: —¿A dónde vas? —Entonces, le expliqué la situación—. Tengo a mi bebé en el hospital, y mientras las niñas están en la escuela, quiero ir a verlo. Solo que tengo que tomar un autobús en la Ritchie Highway que me lleva al Light Rail y de ahí tomaré el metro que me lleva al Johns Hopkins. —Sonriendo, la señora respondió—: Justamente todos los días paso por el Light Rail cuando voy a mi trabajo. Si gustas, puedo dejarte ahí todos los días que necesites. —¡Muchísimas gracias! —le contesté con profundo agradecimiento. ¡Era increíble! ¡Estaba sorprendida! Indudablemente era obra de mi Padre Dios. ¡Podía sentirlo! No había otra explicación. Verdaderamente era un ángel más en mi camino. Tan amable la señora que al día siguiente cuando me subí a su coche me tenía un regalo para Denny Michael.

Con esta gran ayuda de llevarme hasta la estación del Light Rail, podía pasar toda la mañana con Denny

Michael y regresar temprano para atender a las niñas por la tarde.

Pasaron los días y Denny Michael se veía más recuperado. Después de dos meses, un día fuimos todos al hospital y la enfermera nos preguntó: —¿Quieren cargarlo? —¡Sí, por supuesto! —respondí. Pronto trajeron una silla mecedora y me ayudaron a acomodar todos los cables para que pudiera cargarlo. Ese día, Denny también estaba feliz porque pudo cargarlo. Y también sus hermanitas pudieron verlo aunque fuera por un ratito. ¡Fue un día inolvidable!

Al día siguiente, el Doctor Redmond habló conmigo: —Hemos visto mucha mejoría en Denny Michael y hemos decidido que es tiempo de quitarle el ventilador de oxígeno. Si logra respirar solo, podemos darle de alta y enviarlo a casa. —¡Qué bueno! ¡Qué emoción!

—Sentí un gran deseo de llorar de felicidad—. Esto es una excelente noticia —le dije emocionada. El doctor sonrió con satisfacción, contento por los resultados de su pequeño paciente—. Mañana intentaremos a primera hora —agregó.

A la mañana siguiente, intentaron pero lamentablemente no pasó la prueba. Entonces el doctor me dijo —No te preocupes, volveremos a intentarlo en dos días. Hay que darle un poco de tiempo—. Dos días después, el segundo intento tampoco fue exitoso. Así que el doctor dijo —¡No nos podemos dar por vencidos! Vamos a hacer un tercer intento—. Intentaron una tercera vez y tampoco. El doctor dijo —Creíamos que lo iba a lograr, pues le falta muy poco para llegar a donde queremos—. Me sentí muy triste y desalentada pero seguí rezando constantemente. Me acerqué a Denny Michael y acariciando su cabecita le dije —¡Tú puedes, bebé! ¡Eres un campeón! ¡Mi Padre Dios te dará la fuerza que necesitas y lo lograrás, mi rey!

En eso llegó una doctora y pidió hablar conmigo. Me explicó que normalmente se hacen tres intentos y si los bebés no responden, el siguiente paso es una traqueotomía. —¿Y eso qué es?— pregunté. La doctora amablemente me explicó —Una traqueotomía es un procedimiento quirúrgico en el que se crea una abertura a través del cuello dentro de la tráquea para ayudar en la respiración. Se realiza en casos muy extremos en bebés—. Luego me llevó a ver a otro bebé que había pasado por ese procedimiento. No pude evitar que se me salieran las lágrimas nuevamente.

La doctora, al verme tan afligida, me dijo —Creemos que Denny Michael está a punto de poder respirar solo, pero queremos que estés preparada por si no es así—.

142

—Sí, doctora, lo entiendo— respondí. Así que el Doctor Redmond y el equipo médico decidieron darle otra oportunidad.

De inmediato, llamé a mi mamá y le conté la situación. —¿Sabes, mamá? —le dije— Estoy muy triste porque hay una probabilidad de que le hagan una traqueotomía a Denny Michael, pues han intentado varias veces quitarle el ventilador del oxígeno y no puede respirar solo todavía—. Mi mamá, siendo enfermera, entendía perfectamente lo que estaba pasando y lo que implicaba una traqueotomía. —No te preocupes, reina —me dijo—, ahora mismo voy a hacer otra cadena de oración para que no sea necesario. Vas a ver que no la va a necesitar. ¡Ten mucha fe! —Así pasaron los días. Todas las enfermeras, nos saludaban amablemente y nos animaban. —Lo tiene que lograr —me decían con emoción. Esta vez era el cuarto intento. Tristemente, nuevamente no lo logró. No pude contener el llanto, pues la doctora ya me había dicho que si no lo lograba esta vez, el siguiente paso era la traqueotomía.

Entonces el Doctor Redmond se acercó y me dijo —Normalmente nunca hacemos más de tres intentos, pero a Denny Michael le falta muy poquito para someterlo al proceso de la traqueotomía. Creemos que él puede lograrlo. Nuestro nuevo plan es darle una semana más y lo intentaremos por quinta vez. Tenemos fe en que lo va a lograr.

Agradecida, les exprese mi gratitud. Llamé a mi mamá y le dije —¿Sabes qué, mamá? Le darán una quinta oportunidad. —Mi mamá se puso muy contenta al escucharlo. —¡Aquí seguimos en oración! —me dijo.

Llegó el día y el Doctor Redmond me dijo —Hoy es el gran día, *haz changuitos.* —En inglés, era "Keep your fingers crossed". —Esta vez sí lo vamos a lograr —me dijo con mucha certeza. —En manos de Dios —le dije. Como siempre los mantendremos informados. Así que esperamos pacientemente en la sala de espera que estaba cerca de donde estaba Denny Michael, en constante oración pues esta vez, sí era la definitiva. Si lo lograba no se le haría la traqueotomía y era lo que todos deseábamos.

De pronto, escuchamos que todas las enfermeras y los doctores aplaudían! Eran aplausos para Denny Michael. Me llamaron y nos felicitaron. ¡Las niñas, Denny, Buddy y yo estábamos súper felices! Todos lloramos, incluso a las enfermeras se les salían las lágrimas de emoción. Yo no me cansaba de darle gracias a Dios y enviaba bendiciones para mi mamá y para todas las personas que habían estado rezando por él.

Esto significaba que Denny Michael estaba dado de alta. Ya podríamos llevarlo a casa, aunque con un pequeño tanque de oxígeno para seguir ayudándolo mientras seguía recuperando más fuerza, y el tubo de la alimentación. Pero no era nada difícil de manejar. Además, con todo el tiempo que estuve ahí, aprendí. Nos dieron un entrenamiento y tomamos una clase de CPR. Ahora, esperar pacientemente para la siguiente cirugía, la Glenn, que sería a los seis meses.

Emocionadísima le llame a todo mundo para darles la buena noticia y las gracias por sus oraciones. A mi mamá, a mis hermanos, a Mary Carmen, a la señora Lill y a Conchita. —¡Lo logró! ¡Gracias por sus oraciones! —Al mismo tiempo que también le di gracias a Dios y a la Virgen por haber estado con Denny Michael y con nosotros en todo momento. Aunque todavía faltaba un largo camino por recorrer, solo había que seguir alimentando nuestra fe y confiando en la misericordia de Dios que es infinita. Cuando pasamos a verlo, le dijimos —¡Bravo Denny Michael! ¡Eres un campeón! ¡Eres un guerrero! Lo lograste!

Y como si entendiera todo lo que le decíamos, Denny Michael nos brindo una pequeña sonrisa.

Capítulo 13

Triunfos y Preparativos

La etapa que abarcó desde su nacimiento hasta los seis meses, fue un periodo marcado por innumerables logros y una hermosa transformación, especialmente porque mis dos pequeñas hijas se involucraron en los cuidados del bebé de una manera extraordinaria. Por fin, sin la ayuda del ventilador de oxígeno, pudimos deleitarnos con sus balbuceos, risas y llantos. A pesar de su corta edad, Denny Michael mostraba una personalidad radiante, rebosante de alegría y sonrisas. Cada gesto parecía ser un agradecimiento a la vida y a todas las personas que habíamos orado por él. ¡Gracias a Dios, su proceso de recuperación fue asombroso!

No podríamos haber pasado por esta etapa sin los cuidados y la atención más dedicados. Una vez que salimos del hospital, el Doctor Thompson continuó siendo su cardiólogo pediatra. y debo rendir homenaje a su excepcionalidad, así como al equipo de cardiología pediátrica de Consulta Externa del Johns Hopkins. Desde el primer encuentro, quedé impresionada por su compromiso, amor y humanismo. Fue verdaderamente asombroso!

Con el corazón lleno de gratitud y esperanza, nuestro pequeño guerrero llegó triunfante a la segunda etapa de su tratamiento a los seis meses. El Doctor Redmond, una vez más, gentilmente me explicó los detalles del nuevo procedimiento: —La segunda etapa de la cirugía, como ya sabes, es la Glenn. Esta cirugía es esencial, ya que mejora la circulación sanguínea al corazón y los pulmones. Voy a crear una conexión entre la vena cava superior y la arteria pulmonar, lo que permitirá que la sangre fluya directamente desde la parte superior del cuerpo hacia los pulmones, evitando la aurícula derecha del corazón. Esta cirugía mejorará significativamente la calidad de vida de Denny Michael y su capacidad para realizar actividades cotidianas. Sin embargo, es fundamental que continúe siendo monitoreado de cerca por el equipo médico—. Indiqué que había comprendido y le agradecí una vez más. —Estamos listos —dijo el Doctor Redmond—. Ahora van a llevar a Denny Michael al quirófano y una de nuestras enfermeras estará encargada de darles información constante de cómo vamos.

Agradecida con el doctor, me dirigí más tranquila a la sala de espera. La luz del nuevo día se filtraba a través de las cortinas del hospital, y yo, agradecida con mi Padre Dios por saber que mi hijo estaba en las mejores manos, me sentía más tranquila. Además, estábamos muy contentos porque esta vez mi hermosísima mamá estuvo acompañándonos, brindándonos como siempre su apoyo incondicional.

Fueron seis horas de espera y un poco de angustia, pues como toda cirugía tiene sus riesgos, esta no estaba exenta. Pero gracias a Dios todo salió bien. El Doctor Redmond, personalmente, cuando terminó la cirugía, vino muy satisfecho a decirnos que todo había salido bien. Ahora solamente había que esperar a la recuperación.

Pasaron un par de días, y los doctores notaron que Denny Michael no tenía movimiento normal en su manita izquierda y en su piecito. Me preguntaron si yo había notado algo así. Les dije que no, que él había estado muy bien. Así que le hicieron estudios, y esto fue uno de los efectos secundarios que a veces resultan por los medicamentos y la anestesia. Le tuvieron que poner una férula de yeso en su manita, y con el tiempo y con mucha terapia, lo fue recuperando. No al cien por ciento, pero gran parte.

El siguiente desafío era ayudar a Denny Michael a comer por sí mismo. Debido al largo tiempo que estuvo entubado, rechazaba cualquier alimento e incluso el agua, por lo que seguía dependiendo del tubo gastrointestinal para alimentarse.

Primero, conseguimos que aceptara beber agua, pero rechazaba cualquier otra cosa. Un día, Conchita, mi amiga, me sugirió intentar alimentarlo con una jeringa, método que ella había usado con su hijo en una situación similar. Al principio, tuve miedo porque parecía que le daba asco y se ahogaba.

Jaclyn Elizabeth, siempre atenta a cómo ayudar a su hermanito, quiso intentarlo. Sorprendentemente, Denny Michael aceptó el alimento cuando ella usó la jeringa. Así, Jaclyn se convirtió en mi ayudante para alimentarlo de esta manera.

Cuando consulté con el Doctor Thompson sobre este método, que otros doctores no recomendaban, me dijo: —Tú eres su mamá. Si sientes que está bien, sigue haciéndolo—. A partir de ese momento, Denny Michael continuó mejorando su alimentación gradualmente.

A los 18 meses, regresamos a Playa del Carmen. Denny Michael aún no comía suficiente, así que volvimos con su aparato gastrointestinal. Un día accidentalmente se le salió, el doctor aconsejó no volver a colocarlo, esperando que se cerrara solo en una semana. Pero pasaron tres semanas de mucho sufrimiento y no se le cerraba. Entonces dije: ¡No más! No permitiré que mi bebé siga sufriendo.

Regresé a Baltimore donde me atendieron de inmediato. Denny Michael requirió cirugía, pero al día siguiente de la operación, se convirtió en el niño más feliz del mundo. Gracias a Dios nunca más tuvo problemas para comer. Las niñas fueron una gran parte de esta recuperación. Ellas siempre estaban ayudándolo en sus terapias. Y mi mamá, como era enfermera, indudablemente también fue un gran apoyo. Pedía permisos en su trabajo para poder estar temporadas más largas y poder apoyarme con los cuidados necesarios.

Denny Michael pronto se recuperó y creció sano y fuerte, dándonos muchas alegrías, pues era un niño muy ocurrente, muy bueno y muy sonriente.

Por otra parte, tristemente para Denny, fue muy difícil afrontar todo lo que estábamos pasando, así que tuvimos que decidir lo que fuera mejor para los niños por lo que optamos por tomar caminos diferentes. Él se quedó a vivir en Estados Unidos y yo regresé con los niños a Playa del Carmen. Sin embargo, siempre quiso mucho a los niños y los siguió frecuentando a lo largo de la vida.

Cuando Denny Michael tenía tres años, regresamos a Baltimore para la última etapa quirúrgica, que era la Fontan. Esta cirugía ya no le tocó al Doctor Redmond, pues ya se había regresado a Dublín, de donde él es. Así que esta vez el Doctor Duke Cameron fue su cirujano, que también es una eminencia en cardiología pediátrica. Al igual que el Doctor Redmond, vino a la sala de espera y se presentó muy amablemente: —Soy el Doctor Cameron. Yo estaré a cargo de la cirugía de su hijo el día de hoy. Como ya debe de saber, la Fontan es la última etapa del tratamiento. Durante esta cirugía, conectaremos la vena cava inferior directamente a la arteria pulmonar, completando así la separación de la circulación de la sangre oxigenada y desoxigenada en el corazón, haciendo que el ventrículo derecho haga la función de los dos. Esto permitirá que la sangre desoxigenada fluya directamente hacia sus pulmones, y eliminará la necesidad de que el corazón la bombee, lo cual le dará a Denny Michael una mejor calidad de vida.

Me gustaba mucho que siempre se tomaban el tiempo y me explicaban con mucho detalle lo que iban a hacer y de lo que se trataba cada cirugía o cada procedimiento.

Por lo cual, las palabras del Doctor Cameron me dieron aliento y confianza de que todo iba a salir bien. Ahora solo había que esperar nuevamente con fe y paciencia.

La cirugía duraría aproximadamente de cuatro a seis horas. Así que, mi mamá, Jessica, Jaclyn y yo nos reunimos para orar y esperar pacientemente los resultados. También nos acompañaron Conchita, Buddy y su mamá, la Señora Lill, y nuestros queridos Cathy y Mike Davis, unos verdaderos amigos de la iglesia quienes siempre estuvieron al pendiente y dispuestos a brindarnos su apoyo.

Gracias a Dios, una vez más, Denny Michael salió triunfante, aunque un poco resentido con mamá. Cuando salió de la cirugía, estaba enojado conmigo. Al acercarme a su cama, noté que tenía su carita volteada hacia un lado, con una expresión seria, y no quería verme. Primero pensamos que todavía traía efectos de la anestesia, pero el doctor se acercó y todo estaba bien. Quizás al despertar de la anestesia y no verme se sintió un poco defraudado y quizás abandonado. Pues en ese momento no estaba nadie que él conocía. Y aunque todo el equipo médico era excelente en su trato y le daban mucho cariño, al despertar y no ver a mamá ni a sus hermanitas no le gustó.

Mi pobre Denny Michael, mi gran guerrero, tan chiquito, solo tenía tres años, si tan solo supiera cuánto deseaba en lo más profundo de mi ser que nunca hubiera tenido que pasar por todo eso. Al verlo así, se me partía el corazón, pues el inocente no podía entender completamente lo que estaba sucediendo a su alrededor. Aunque antes de la cirugía intenté explicarle, su corta edad limitaba su comprensión de la magnitud del problema.

Jessica Lizeth y Jaclyn Elizabeth ya un poco más grandes y más conscientes del problema, se mostraban también muy preocupadas por la inesperada actitud de su hermanito. Así que le buscaron el modo de hacerlo sonreír. Jessica Lizeth le llevó un osito de peluche y Jaclyn Elizabeth le hizo una tarjeta con calcomanías. Denny Michael al ver a sus hermanitas no pudo resistir y no tardó mucho en brindarnos una sonrisa, pues para él sus hermanitas eran lo máximo. Por fin se dejó que lo abrazáramos y le diéramos un beso.

Jessica Lizeth era una niña alegre, detallista y muy creativa. Una verdadera artista. Siempre estaba haciendo dibujos hermosos y meticulosamente detallados. Jaclyn Elizabeth también era muy alegre y muy graciosa. Siempre buscaba la forma de divertir a su hermanito y ayudarlo en todo lo posible, mostrando un espíritu de cooperación y una gran sensibilidad.

Gracias a Dios, todo salió como esperábamos y pronto pudimos regresar a México para continuar con una vida normal. Por supuesto, esto implicaba seguir con sus cuidados, medicamentos y realizar visitas cada seis meses a Estados Unidos para el seguimiento con su cardiólogo pediatra, el doctor Thompson. .

Denny Michael se mantuvo estable y creció sano y feliz, siempre con el apoyo constante de sus hermanitas, quienes actuaban como otras dos pequeñas mamás, siempre al pendiente de él. Indudablemente que ellas también fueron y han sido otros dos ángeles a lo largo de la vida de Denny Michael. Pues desde el primer momento que supieron que venía con el problema de su corazón estuvieron pendientes en primer lugar de pedir siempre por él cuando rezaban, además de estar siempre al pendiente de apoyarlo y ayudarlo. Y yo constantemente dándole gracias a Dios por poner su mano divina en todo momento. Pues sin lugar a duda Denny Michael es *un milagro de vida*.

Capítulo 14

Un Milagro de Fe: El Poder de La Oración

Cuando Denny Michael tenía nueve años, tomé la decisión de regresar a vivir a Estados Unidos, esta vez a Tampa, Florida. La razón era clara: facilitaba enormemente continuar con su tratamiento. Nos recomendaron el *All Children's Hospital* de Saint Petersburg, ahora afiliado al Johns Hopkins, donde ha recibido atención médica de cardiología de primera calidad hasta el día de hoy. Este hospital, al igual que el Johns Hopkins, cuenta con un personal altamente capacitado y profesional.

Siempre extrañamos al Doctor Thompson, pero al irnos a vivir a Tampa ya no había necesidad de ir hasta Baltimore, ya que tuvimos la bendición de tener al

Doctor Alfred Asante-Korang como su nuevo cardiólogo pediatra durante varios años, quien nos brindó un trato increíble por parte de él y de todo su equipo médico.

Desde que nació Denny Michael, se había hablado de la posibilidad de un trasplante de corazón. Sin embargo, gracias a las cirugías y al excelente tratamiento médico que recibió, no había sido necesario considerarlo. Denny Michael continuaba con sus citas cada seis meses, sometiéndose constantemente a estudios médicos. Durante varios años, gracias a Dios, no se había presentado ninguna complicación.

Un día, cuando Denny Michael tenía dieciséis años, llegamos a su cita con el Doctor Asante-Korang. Con amabilidad, nos pasó a un consultorio y nos dio no muy buenas noticias: —Creo que ha llegado el momento de considerar un trasplante de corazón para Denny Michael—. Sorprendida, le pregunté: —¿Por qué?

El doctor, con preocupación, muy amablemente y con detalle nos explicó que los resultados del último estudio revelaban un problema delicado en la circulación sanguínea de Denny Michael. Su hígado estaba en declive, presentando señales de posible cirrosis. Esto planteaba un desafío significativo, ya que, de no realizarse el trasplante de corazón, sus otros órganos también podrían estar en riesgo y necesitar trasplantes. Eso arriesgaría mucho la vida de Denny Michael. La noticia no fue la más alentadora, y de inmediato comenzaron todos los preparativos para incluir a Denny Michael en la lista de espera para proceder al trasplante. Esto implicaba su hospitalización, ya que en el momento en que se encontrara un donante, no habría tiempo que perder.

A sus dieciséis años, Denny Michael era más consciente del riesgo que esto representaba. Jessica Lizeth y Jaclyn Elizabeth, aunque muy entristecidas, demostraron una madurez increíble y estaban dispuestas a brindarle todo su apoyo. Para mí, la situación resultaba devastadora, pues implicaba enfrentar numerosos riesgos. Sin embargo, era crucial mantener el optimismo y recordar que para Dios no hay imposibles. Todo saldría bien.

Una noche, mientras Denny Michael dormía en el hospital, decidí ver un documental sobre trasplantes de corazón. No fue nada fácil. Las lágrimas brotaban de mis ojos al imaginar a mi hijo pasando por algo similar. Al terminar, Denny Michael profundamente dormido, me despedí dándole un beso en la frente, y se lo encomendé a mi Padre Dios y a la Virgen de Guadalupe. Con la hora avanzada, cerca de las dos de la mañana, los pasillos del hospital estaban desiertos, así que no me preocupaba que alguien me viera llorar. Me sentía abrumada por la tristeza y no podía contener las lágrimas. Entré en la capilla, me arrodillé y le pedí a Dios que, por favor, no tuvieran que someter a Denny Michael a un trasplante, esperando que hubiera otra solución. Lloré y lloré, desahogando mi angustia.

Al llegar a la casa de Ronald McDonald donde me hospedaba, me dirigí a mi habitación. En el silencio de la noche, sentada en mi cama, volví a hablar con Dios, suplicándole un milagro para evitar el trasplante. Finalmente, me quedé dormida. Al despertar temprano, mi primer pensamiento fue nuevamente hablar muy seriamente con mi Padre Dios: —Por favor, Padre mío, dale la luz al equipo médico para que encuentren otra solución—. Solo me quedaba confiar en Él. Me preparé rápidamente y regresé al hospital.

A pesar de mi tristeza y angustia, traté de no demostrarlo frente a Denny Michael para que se sintiera tranquilo; quería transmitirle calma y ánimo. Pero de cualquier manera, él lo percibía. Con una sonrisa de esperanza en su rostro, me dijo: —Mamá, todo va a salir bien. No te preocupes—. Pasamos el día juntos, rezando, jugando, riendo y viendo películas mientras esperábamos noticias.

Llevábamos ya varias semanas en el hospital, cuando le realizaron un estudio para mapear sus venas en preparación para el trasplante. El equipo de cardiólogos estaba deliberando cuál sería lo mejor para Denny Michael. Finalmente llegó el Doctor Asante-Korang, para informarnos que durante ese estudio habían encontrado un coágulo calcificado en la parte de la vena cava que lleva la sangre al hígado. Dado este nuevo hallazgo estaban considerando entre el trasplante u otra cirugía. La alternativa, si era exitosa, podría reducir la posibilidad del trasplante a un 30 por ciento.

Los días pasaron y la angustia aumentó. Con cada cirugía de corazón abierto que Denny Michael había tenido en su infancia, el riesgo de una séptima operación se incrementaba. Le pedí a Dios una vez más que evitara también la cirugía y que encontraran otra solución.

Después de una larga espera, finalmente llegó el Doctor Asante-Korang con la noticia de un procedimiento menos invasivo. El Doctor Cameron, quien había realizado la cirugía hacía 13 años, revisó nuevamente el caso de Denny Michael y, haciendo un estudio junto con el equipo médico, se optó por realizar una cateterización y colocar un doble stent para solucionar el problema del flujo de la sangre al hígado. El plan sería monitorear y si el hígado comenzaba a responder positivamente, no sería necesario proceder con ninguna de las cirugías por el momento. Una sensación de alivio y gratitud invadió la habitación. ¡Mi Padre Dios había escuchado nuestras oraciones! —¡Es un milagro, mi rey! ¡Es un milagro! —exclamé.

Sintiendo la presencia divina que había guiado cada paso de nuestro camino, se me salían las lágrimas de agradecimiento. Indudablemente, Dios nos había escuchado y nos había concedido un milagro más y ahora debíamos seguir orando, confiando en que este nuevo tratamiento sería la solución.

Han pasado ya diez años y estoy eternamente agradecida de que Denny Michael no haya necesitado más cirugías y que hasta ahora no haya sido necesario un trasplante. Es evidente que Dios nos guió hacia las manos más expertas de seres humanos increíbles, por lo que quiero aprovechar para hacer un reconocimiento especial al Doctor Reid Thompson, Doctor Mark Redmond, Doctor Duke Cameron y Doctor Alfred Asante-Korang, excelentes médicos que entregaron todo su conocimiento, tiempo, dedicación, pasión, y cariño, así como a todo el equipo médico que estuvo y ha estado involucrado en cada cirugía y en cada paso del tratamiento de Denny Michael, en el trayecto de su vida, tanto en el Hospital Johns Hopkins de Baltimore como en el Hospital All Children's de Saint Petersburg.

Cada uno de ustedes ha sido una pieza invaluable en este trayecto hacia la recuperación de mi hijo.

Quiero también expresar mi más profunda gratitud a Mike y Cathy Davis, queridos amigos de la Iglesia Presbiteriana Evangélica en Baltimore. Su constante apoyo y generosidad fueron invaluables para nosotros.

Los considero verdaderos ángeles enviados por Dios para acompañarnos en este difícil camino, ya que su apoyo moral fue indispensable en todo momento.

Además, gracias a ellos, tuvimos la fortuna de conocer al Pastor John Keen y a nuestra familia de la iglesia de Christ Central Presbyterian Church. Al llegar a Tampa, él también nos brindó un apoyo increíble, lo que nos permitió continuar con el tratamiento de Denny Michael. Su apoyo espiritual, ayuda y amabilidad marcaron una diferencia significativa en nuestras vidas, y por eso, estamos eternamente agradecidos.

De igual manera, quiero expresar mi más profundo agradecimiento por el apoyo incondicional y las sinceras oraciones de mi hermosa familia, nuestros amigos, y todos aquellos que estuvieron con nosotros en cada instante. A cada ángel que en su momento se cruzó por nuestro camino. Sus pensamientos positivos y su energía han sido una fuente constante de fortaleza para nosotros.

También quiero expresar un profundo agradecimiento a Mary Carmen por su bondad y su apoyo incondicional durante los momentos más difíciles, especialmente por su invaluable ayuda antes y después del nacimiento de Denny Michael. Su presencia y apoyo fueron fundamentales tanto en el hospital como en la casa de Ronald McDonald. Y no puedo pasar por alto mencionar a Buddy, mi cuñado, cuya generosidad y apoyo inquebrantable han sido como un faro en la vida de mis hijos. Siempre ha estado a nuestro lado, en los momentos de alegría y en los desafíos más difíciles. Para ellos, más que un tío, ha sido un segundo padre.

No puedo dejar de expresar un agradecimiento muy especial a mis dos hermosas hijas, Jessica Lizeth y Jaclyn

Elizabeth, quienes desde su corta edad han estado a mi lado brindándome su apoyo. Su alegría y optimismo eran increíbles y fueron la fuente fortalecedora de mi fe. Gracias a Dios, han crecido manteniendo sus virtudes y cualidades especiales, convirtiéndose en mujeres excepcionales que continúan inspirando a quienes las rodean con su creatividad, inteligencia y generosidad.

Al personal y a los cofundadores de la Casa Ronald McDonald, y a todas las familias que han apoyado no solo a mi propia familia, sino a cientos de niños y familias a lo largo de nuestro camino, les expreso mi más sincero agradecimiento.

Y a mi Padre Dios por su guía constante y por fortalecer nuestra fe en todo momento. Es gracias a esta confianza que hemos podido enfrentar cada desafío con valentía, y es por esta fe que Denny Michael se ha convertido

verdaderamente en un milagro de vida.

Anécdotas de la Vida

Cuando finalmente regresamos a Playa del Carmen, al año y medio de vida de Denny Michael, tenía pendiente buscar a Roni, ya que sabía que le debía. Me propuse encontrarla para saldar esa deuda pendiente. Así que fui en su búsqueda, pero para mi sorpresa, me enteré de que el hotel ya no era de ella y que se había regresado a Estados Unidos. Esta noticia me dejó sumamente triste, ya que no tenía forma de contactarla.

Un día, mientras Jessica y Jaclyn estaban en la escuela, tuve que hacer unas compras en Sam's Club y me llevé a Denny Michael conmigo. Mientras estaba en la fila para pagar, Denny Michael se soltó y corrió hacia el otro extremo de las cajas. Le hablé: —¡Denny Michael! ¡Denny Michael! —pero él continuó corriendo, así que dejé mis cosas y me fui corriendo detrás de él. Le hablaba, pero Denny Michael parecía como si no me escuchara. Para mi sorpresa, lo vi corriendo hacia una mujer que le abría los brazos. —¿Roni? —¡Sí! ¡Era Roni! Me quedé sorprendida al verla, y ella también al verme. —No me digas que es él —me dijo. —Sí, es Denny Michael —respondí. Nos abrazamos y ambas lloramos. Le pedí disculpas por no haber regresado antes, pero ella gentilmente me dijo: —No te preocupes por la deuda, ver a Denny Michael es suficiente para mí.

Hasta el día de hoy, considero que todo fue un milagro. Roni fue un ángel en mi camino, y Denny Michael, con su sabiduría infantil, sabía que ella era ese ángel que mi Padre Dios nos mandó para que fuera posible viajar a Estados Unidos, por eso corrió a abrazarla y a darle las gracias.

Cuando Denny Michael tenía alrededor de tres años y medio, un día, mientras yo estaba en la cocina lavando los trastes y las niñas ocupadas con sus tareas, llegó Denny Michael: —¡Mami, vamos a jugar! —me dijo con entusiasmo. —En un ratito mi rey —le respondí—, déjame terminar de lavar los trastes. Entonces, con una ternura desbordante, me preguntó: —¿Cuándo vas a dejar de trabajar tanto, mami? —Le respondí en tono de broma: —El día que venga un príncipe y me lleve a su castillo. Entonces ya no voy a tener que trabajar.

Denny Michael se quedó pensativo por un momento y luego se fue a jugar. O eso creí. Seguí arreglando la cocina cuando, de repente, escuché que tocaban la puerta de la casa. —¿Quién es? —pregunté. Y para mi sorpresa, una hermosa voz respondió: —Soy tu príncipe—. Abrí la puerta y allí estaba mi pequeño príncipe.

En otra ocasión, mientras caminábamos de regreso a casa, les pregunté a los niños qué querían ser cuando fueran grandes. Jessica dijo: —Yo quiero ser bailarina de ballet—, y Jaclyn respondió: —¡Yo quiero ser doctora! —Cuando le tocó el turno a Denny Michael, dijo con determinación: —Yo quiero ser un papá—. Le pregunté: —¿Un papá? —¡Sí! —me contestó. —¿Y cuántos hijos quieres tener mi rey? —y con una sonrisa encantadora, respondió: —Dos niños, porque ya tenemos dos niñas—. Era muy gracioso y muy ocurrente. Él sabía que ya había dos niñas en la casa y ahora faltaban dos niños. Siempre fue un niño alegre y divertido, con una risa contagiosa que iluminaba nuestras vidas.

A lo largo de los años, Denny Michael disfrutó de muchos juegos y actividades. Desde jugar con legos hasta convertirse en el papá en los juegos de sus hermanitas. Su creatividad y energía eran infinitas. Pero lo que más disfrutaba era ver películas, especialmente aquellas que le permitían sumergirse en mundos mágicos y fantásticos. Su película favorita era "Harry Potter", una pasión que ha llevado consigo hasta la actualidad. Una experiencia inolvidable fue su visita al "Wizarding World of Harry Potter" en Universal Studios, donde fue seleccionado para un emocionante espectáculo en la tienda de varitas de Ollivanders.

Collar de la Valentía

Cada cuenta representa una cirugía, y un procedimiento por el que Denny Michael ha tenido que pasar desde su nacimiento y durante la trayectoria de su vida. Sin contar los últimos diez años. Solamente los seis corazones representan cada cirugía de corazón abierto.

Éxitos y Reconocimientos

Denny Michael siempre fue un niño querido por sus maestros y compañeros de clase, conocido por su amabilidad y nobleza. Su carácter ejemplar fue reconocido cuando recibió el prestigioso "Timothy Award" en su colegio por ser un ejemplo en palabra, conducta, amor, espíritu, fe y pureza.

En febrero de 2018, Denny Michael emprendió su propio canal de YouTube el cual lleva su nombre, y descubrió su pasión por la música. Desde entonces, ha cautivado a todos con su hermosa voz y su talento. Con cada cover que interpreta, sigue demostrando el don especial que Dios le ha otorgado.

En mayo del 2021 Denny Michael se graduó en Hillsborough Community College recibiendo su Diploma de Asociado en Arte Este título se otorga por haber terminado y cumplido con los requisitos educativos necesarios en áreas como humanidades, ciencias sociales, y otras disciplinas relacionadas con las artes. ¡Siempre en camino al éxito!

En diciembre de 2023, con gran emoción y orgullo, tuvimos el honor de acompañarlo a su graduación. Denny Michael se graduó de la Universidad del Sur de la Florida en la carrera de Medios de Comunicación, un logro que llenó nuestros corazones de alegría.

Denny Michael ha sido un verdadero ejemplo de perseverancia y valentía. Su vida está llena de momentos que nos recuerdan el poder del amor, la fe y la determinación. Desde sus juegos de infancia hasta sus logros académicos, Denny Michael ha demostrado una valentía excepcional para superar los desafíos y seguir adelante.

Cada capítulo de su vida es una inspiración para todos los que tienen el privilegio de conocerlo.

La risa contagiosa de Denny Michael, su amabilidad inquebrantable y su pasión por la vida son un regalo de Dios que nos recuerda que incluso en los momentos más difíciles, hay luz al final del túnel. Estamos agradecidos por su espíritu valiente y por la fortaleza que inspira a todos los que lo rodeamos.

Ahora, mientras contemplamos todo lo que ha logrado, no podemos evitar sentirnos llenos de gratitud y admiración por el increíble hombre en el que se ha convertido. Denny Michael es más que un hijo, más que un hermano, más que un amigo; es una gran bendición.

Y así, mientras seguimos celebrando sus éxitos y compartiendo su alegría, recordamos con gratitud el regalo precioso de Dios que es tener a Denny Michael en nuestras vidas. Su historia es un recordatorio de que, con fe, amor y determinación, cualquier cosa es posible.

Denny Michael, eres un verdadero tesoro, un faro de esperanza y un ejemplo viviente de lo que significa ser un milagro de vida. Estamos infinitamente agradecidos a Dios por el regalo de tenerte en nuestras vidas y por los incontables momentos de alegría y aprendizaje que nos has brindado. Que tu luz siga brillando con fuerza, inspirando a todos los que te rodean a vivir cada día con fe, pasión, propósito y gratitud.